SHUDO 2.0

北原宗律 著
Munenori Kitahara

ふくろう出版

まえがき

　『SHUDO 2.0』という，奇を衒った標題を本小書に付した．単なる思い付きからではない．大学のイノベーションを目指しているからである．この『2.0』こそが「大変化」・「一大改革」の象徴である．修道大学を，現在の地位から西日本におけるトップクラスの地位へと大改革を起こそうという訳である．すなわち，あらゆる局面において，「修道大学を西日本における『トップクラス』の大学にする」という目標を掲げた．つまり，「西日本におけるトップクラス大学になるように大変革を遂げる」という意味である．何よりも，修道大学の学生たちを西日本におけるトップクラスの大学生に育てなければならない．学生が大学の地位を決定づけるものと信ずるからである．

　とにかく，「大学生に勉強をしてもらいたい」，「ほんものの大学生になってもらいたい」という一念で，『SHUDO 2.0』を書き始めた．「ほんものの大学生になるためには『勉強する』しかないのである．」ただ，これまでの勉強方法を変えなければならない．今のままでは，「小学 13 年生から 17 年生までの児童」がいるように見える．ほんものの小学生の方が宿題もちゃんとやっている．せんせいがこわいから．

　いわゆる「電子辞書」なるものを利用する学生も多いと思う．出版された辞書類の何百冊を搭載するというのがセールスポイントだ．しかし，実際は，その紙の辞書一頁一頁のコピーを実機に搭載したものではない．それゆえ，特に，外国語の電子辞書は使いものにならない．紙の辞書にはある単語についての語彙的説明が欠落しているからだ．意味の数や用例も随分削られているようだ．したがって，一つの英語の単語に該当する日本語の意味を探すのには電子辞書だけでは不十分である．電子辞書しかかなければその不十分なままで終わってしまう．これでこと終わりとしたのが，これまでの勉強方法なのだ．電子辞書とはそういうものだと知りながら，それだけで終わってしまう．これからは，そういう自分を捨てなければならない．つまり，足りないと知りながら，電子辞書だけで満足してしまう自分とはおサラバすることだ．電子辞書で足りなければ，英和 f 大辞典，英語類語辞典，英語活用辞典等，あらゆる種類の英語辞書を手元に用意すべきである．

　目に見えることがすべてであってそれ以上のこと，それ以外のことに全く関心を示そうとしない．コンビニのアルバイト店員にある商品について尋ね

まえがき

ると，そんな物は当店にはないと応える．そんなことはない．その商品はちゃんと商品棚にあった．ちょっと見えにくかったが．このアルバイト店員は，自分が知らないものは店にはないと言ってしまうのだ．そう言う前にその商品を探そうともしない．電子辞書だけで勉強している学生は，やっていることはこのアルバイト店員の仕事ぶりと何ら代わることはない．

ひょっとしたら，目に見えないところにこそもっと重要な情報が，探していた答えが隠されているのかも知れない．目に見えるところにあるものは誰でも知っている．だが，隠されている答えを発見できるのは自分だけかも知れない．ただ，隠されている答えを探すのにも大変な時間と労力が要る．まず，隠されている場所を見当つけなければならない．これにはいわゆる「カン」（「勘」）に頼らなければならない．この「勘」も勉強の裏付けがなければ，鋭い「カン」にはならない．そうです．何をするにしても，まず，勉強である．

ある授業（コンピュータ教室での授業）の学生の様子である．ホワイトボードに書きながら一つの説明をした後で理解できたかどうかを学生たちに尋ねても，学生の方から何の返事も返ってこない．このことは授業の中では基本的なことで，しかも大事なことであることを大声で強調しても，誰一人ノートやメモをとる学生はいない．大問題なのは，教員の言う通りにコンピュータを操作しないことである．わからなければなぜ質問しないのだ．大学生にとってほんとうに基本的なことがわかっていない．このインターネットの時代に「ブラウザ」のことも知らない．何を「聴いて」いるんだろうか．教科書やノートを持っていないことも大問題の一つである．教員としては，教科書に書いてあることを，わざわざすべて教える必要はないものと考えている．教科書以上のことを教えたいと考えているからである．教科書以上のことを学生が学んでもらいたいとも考えている．．

でも，これは教員にとっておおきな「マチガイ」であることに気付くことになる．教科書『以上』のことを教えるならば，学生の方で少なくとも教科書『以内』についての『予習・復習』が必要不可欠であるからだ．今日の学生にとって『予習・復習』という言葉はほとんど『死語』同然ではあるまいか．授業以外での，つまり大学外での勉強時間は0（ゼロ）時間である．自宅ではまったく勉強しないということである．これは世界記録である．日本の大学生の自宅での勉強時間は世界一短いのである．

「勉強をしなさい」というだけではだめで，「『どのように』勉強するのか」という勉強方法についても，ここでアドバイスしようと思う．本小書で取り上げられる勉強方法もその一つであるにちがいない．自分でその方法を発見できなければ，是非，本小書の方法を試してもらいたい．

その勉強方法とは『アクティブ・ラーニング』である．この勉強法は特別なものではないし，ことさら新しい勉強方法でもない．昔から誰もがやってきたところの『勉強方法』でもある．その本旨は，「主体的に，能動的に学修するこ

と」であるからだ．小学生でも，中学生でも，高校生でも，いわゆる成績上位の児童・生徒は，この勉強方法を実践してきたのである．それらの児童・生徒は，主体的に（自分で考えて），かつ，能動的に（自分の意思で），積極的に（集中的に），学修してきたから，上位の成績を獲得できたのである．

では，実際にどのようにやってきたのか．「ある状況の中に，一つの問題を発見し，その解決方法を考える」．これだけのことであるが，これを一人で，誰の手助けも借りずにやりとげる．最近よく使われる表現では，「やりきる」ということだろう．最後は，自分との戦いである．

このような勉強の心構えの準備ができたら，それを実践するツール（道具・手段）として，『ネットワーク・コラボレーション・ツール』『情報デバイス』『情報アプリケーション』等を思う存分駆使する．これらのツールの使用方法も付け加えた．同じようなことができるようであれば，自分が気に入ったものを使用するのも結構だ．そういうツールを，自分で，主体的に，かつ，積極的に，探すということ，そのことが，すでに，「アクティブ・ラーニング」に入り込んでいる証拠だ．

『Web 2.0』という情報社会に生きている以上，Web 2.0 的情報技術を利用しないことは，「もったいない」し，そういう社会に背を向けることもないであろう．そう思ってもらえるならば，安価な PC（64 bit, WiFi 機能），または，タブレットコンピュータを持ち歩くようにしてもらいたい．スマートフォンは，あくまでも，携帯「電話」のひとつの機種に過ぎない．モニタ画面が小さすぎる．どのデバイスを使うにしても，マルチタスク環境を用意してもらいたい．

『クラウド』は，アクティブ・ラーニングのための最適の情報環境である．WiFi 環境であれば，1 日 24 時間利用できる．利用できるアプリケーションもほとんどが無料である．デバイスを何台利用しようとも，デバイス間で即座に同期をとってくれる．つまり，それぞれのデバイス上の情報・データを「自動的に」更新してくれるのである．『クラウド』を自分の勉強部屋にするきべきだ．『クラウド』が勉強部屋だ．

『クラウド』，一度は聞いたことはあるだろう．ひとつのコンピューティング技術に過ぎない．この発想は今の学生たちが生まれたころには存在していたものである．家の壁の電気コンセントに電源コードを挿し込むだけで，すべての電化製品が動き出す．コンピュータもそのように使えたら，なんと便利な情報環境になるだろう．ただ，コンピュータの場合には，利用できるアプリケーションソフトが鍵になる．何と，あらゆるアプリがクラウドに用意されている．コンピュータに必要なすべてのアプリケーション・ソフトウエアは『クラウド』においておけばいい．クラウドに接続できる環境にありさえすれば，クラウド上で何でもできてしまう．アプリで作成した自分の情報もクラウドに保存しておけばいい．情報の安全性もかなりの程度まで保証されている．

これで，理解してもらえただろうか．情報資産に関して，「『所有』から『利用』へ」という風が吹いていることを．これを知らないと，情報技術についての

まえがき

「KY」としてバカにされるのがオチだ．これまでならば，通常使用しているソフトウェアをアップデートするたびに購入して自分のマシンにインストールする必要があった．そのことが『所有』という意味である．これに対して，『利用』ということは，必要な時にだけクラウド内のソフトウェアを「使用」するということである．ビジネス版なら少々の使用料金の払うことになるが，個人使用版については，ほとんどが無料である．クラウドには，ソフトウェアはもちろんのこと，開発用のプラットフォームやハードウェア（ＰＣ，ルータなど）まである．

　私が勧めているのは「Google クラウド」関係のものである．そういうわけで，私の授業では，「Gmail アカウント」を登録するように言っているのである．Google クラウド利用は Gmail アカウント取得が前提となっている．ここでは，これでもかというぐらい豊富なアプリを無料で提供してくれる．これらの無料アプリを使わない手はない．

　本書の中でも，そのいくつかについて説明している．是非参考にしてもらいたい．本小書もすべてクラウドのお世話になったものである．

　以上のような思いを抱いて，およそ四半世紀の教授生活で感じたことで，SHUDO2.0 の波に乗り遅れないようにするための学生の心構えなどについて綴った．その部分には，『SHUDO2.0 に必須の学生力』，「学生の意識を改革する」，「大学は勉強するところだ」，「何のために勉強するのか」，「『哲学する』こころ」，「『大学教授』～『アクティブラーニングの専門家』～」，『どういう方法で勉強するか』，『勉強の方法を変える』，「見えないところを考える」，『見えるものはその意味を考える』，『ゼミナールで鍛える』，『グループ学習で鍛える』，「『教えない』授業」が並んでいる．

　そのような「心構え」を持てない学生に対しては，『こんな学生は要らない』という部分を読んでもらいたい．全学生が遵守すべき倫理綱領は「北原教授の『大学生倫理綱領2.0』」とまとめた．

　後編部分は，タブレット・コンピュータの使用方法および「ネットワークコラボレーションツール」の利用方法について詳細に説明してある．そして，ゼミナール授業の成果の報告書ともいえる「卒業論文」の作成法についても詳細に説明した．

　最終部分には，『サイバーセキュリティと情報倫理』を掲載した．クラウドおよびコラボレーションツールの利用は，その間，ネットワーク（インターネット）に接続していなけれならない．すべてのネットワークユーザが，快適に，かつ，安全に，システムやネットワークを利用するためには，サイバーセキュリティおよび利用マナー（情報倫理）のことを念頭に置いておかなければらない．

2017 年 3 月 21 日
北原　宗律

本小書の目次と利用法

概　要
　各章の簡単な説明を交えながら，筆者の経験，実際に利用した感想をも交えながら，本小書の利用法について書いておくことにする．各自，こんな利用もある，こんなアプリもある，というようなことをメールでもってお知らせいただくと幸いに存じます．

1．「『SHUDO2.0』がはじまった!!」

　組織的改革を経て，新しい「修道大学の姿」，すなわち，「SHUDO2.0」を達成しようと決意した．これを達成するためには，何よりも，大学の主体・主役である「学生たち」が勉強するしかないことを悟った．本章の小見出しの構成は以下の通りである．
　「2.0」の意味，『修道大学の大変革』，『大学の「社会的責任」』，『SHUDO2.0に必須の学生力』，「学生の意識を改革する」，「大学は勉強するところだ」，「何のために勉強するのか」，「『哲学する』こころ」，「大学の教授」：「アクティブ・ラーニングの専門家」，『どういう方法で勉強するか』，『勉強の方法を変える』，「見えないところを考える」，「見えるものはその意味を考える」，「『教えない』授業」，「ゼミナールで鍛える」，「グループ学習で鍛える」

2．『こんな学生は要らない』

　このような学生ばかりでは，到底，『SHUDO2.0』を達成することは困難である．大学から即刻退散することを勧める．他の道に進んだ方がいい．本章の小見出しの構成は以下の通りである．
「『先生の授業は単位がとりやすいですか』と聞いてくる学生」
「教科書を持っていない学生」「ノートもメモもまったくとらない学生」
「授業の遅刻・欠席をサークルやアルバイトのせいにする学生」
「質問すると，スマホに答えさせる学生」
「授業とは無関係の談笑の多い学生」
「モニタ画面の文字をただただ写している学生」
「試験でのD評価に対して，『出席率が高かったのに』と異議を唱える学生」
「むやみやたらに『欠席届』を提出する学生」
「体育の授業でもないのにジャージを着用している学生」

3．北原教授の『大学生倫理綱領2.0』

「大学生の倫理」，当然，存在する．倫理は人間の社会生活上の根本原理である．倫理は人間同士の利害衝突の調整機能を持ち，社会生活における行動規準を示す規範である．大学もひとつの社会である．大学生倫理は，大学生の根本原理である．大学の行動規準を示すものである．倫理は，「他人に迷惑をかけるな」と教える．大学生倫理綱領は，大学生にとっての行動規準である．自分が「大学生」であると自覚しているならば，是非，この行動規準にしたがって行動し，充実した大学生活を送ることを切に希望する次第である．

4．「タブレット・コンピュータを使う」

タブレットは，やはり，2台目，3台目に位置づけられる情報機器である．外出先で，旅行先で使える機器である．Android系でも，iPadでも，Windows系でもよい．いずれも，スマートフォンよりモニタ画面が大きいことである．アプリ「TeamViewer」を使用すれば，自宅のPCをタブレット上に再現できる．

5．「情報の収集と整理と整頓」

ここでは，無料アプリ「Evernote」を利用して，情報の収集・整理・利用等について解説する．同じような機能を持つ，Windows系の「Dropbox」がある．好きな方を使用すればよい．Evernoteの資料・情報は「コラボレーションツール」に提供される．

6．『ネットワークコラボレーションツール』

コラボレーション（協働作業）ツールということで，グループ学習でその威力を発揮する．また，アプリケーションツールはすべてクラウドにあるので，これらのツールを利用する時には常にネットワークに接続していなければならない（有線・無線問わず）．スマートフォン，タブレット，PC等，すべてのマシン同士で同期する．資料も自作情報も，すべてクラウドに保存できる．「Googleドライブ」を利用することになるが，学生が使用するぐらいの情報量ではすべて無料で提供されている．勉強に必要な資料や情報は，すべて，Googleドライブに保存することを勧める．そうすると，「クラウド」が自分の「サイバー勉強室」に変わる．

7．「TEXの利用」

学生にとって，「TEX」(「テフ」と発音)は「印刷用ソフト」ぐらいの理解でいいだろう．つまり，コンピュータによる組版（印刷会社がやってきた活字の組み合わせによる印刷用の版）の作成である．TEXで書かれた（印刷された）二つの文章「アルバイトについて」「『未来』において『過去』を変える」も，読むと大いに参考になると思う．

8.「卒業論文」

　ここでは，卒業論文について，資料収集・原稿作成・印刷・製本・提出までを時系列で説明している．ほとんどの学生にとっては，「卒業論文」は，最初で最後の大論文となるはずだ．この説明に従って作業を進めて行けば，必ずや「大論文」が書けることを保証する．

9.『サイバーセキュリティと情報倫理』

　「サイバーセキュリティ」とは，「すべての電子的情報機器に係わる「データ・情報」，コンピュータシステム，ネットワーク，インターネットに関して，それらの「安全性・信頼性」が維持されていること」を言う．この「サイバーセキュリティ」の観点から，今日誰もが利用している携帯型端末（タブレットやスマホ）が注目されている．それらのユーザのセキュリティ意識の低さに原因する．また，「情報倫理」などについては，聞いたこともないだろう．スマホには情報社会を崩壊させる危険性さえ潜んでいる．ユーザ一人ひとりが，「サイバーセキュリティと情報倫理」の重要性を認識することである．「サイバーセキュリティと情報倫理」を大学で学修した学生たちは，これを社会に，周囲の人たちに広める責任がある．

１０.『オンライン行動のリスクを把握する』

　ユーザの安全とプライバシーを侵害する可能性があるオンライン行動について説明する．インターネットは危険に満ちた環境であるので、データが侵害されないように常に用心する必要がある。攻撃者は非常に巧妙に、さまざまなテクニックを使用してユーザを騙そうとする。このラボでは、リスクの高いオンライン行動を識別するのに役立つ情報と、オンラインで安全に行動するためのヒントを説明する．
[パート１]：サービス利用規約の確認．
　[パート２]：オンラインでの行動に関する分析．得点が高いほど、あなたのオンライン行動の安全性は低くなります。目標は、オンラインでのやり取りすべてに注意を払い、100％の安全性を確保することである。これは１つのミスだけでコンピュータやデータを危険にさらす可能性があるため非常に重要である。それぞれの質問に正直に答えてください。そして、各質問で獲得した点数を書き留めてください。すべての点数を加算して合計得点を算出し、オンライン行動の分析に関するパート２に進んでください。

目　　次

まえがき

本小書の目次と利用法

1. 『SHUDO2.0』がはじまった！！ ------------------------------ 1
2. 『こんな学生は要らない』 ---------------------------------- 15
3. 北原教授の『大学生倫理綱領2.0』 -------------------------- 21
4. タブレット・コンピュータを使う ---------------------------- 27
5. 情報の収集と整理と整頓 ------------------------------------ 39
6. 『ネットワークコラボレーションツール』 -------------------- 53
7. ＴＥＸの利用 -- 81
8. 卒業論文 -- 107
9. 『サイバーセキュリティと情報倫理』 ------------------------ 132
10. 『オンライン行動のリスクを把握する』 --------------------- 178

課題と正解 -- 183

1.『SHUDO2.0』がはじまった!!

概 要

『SHUDO2.0』とは，修道大学の新しい姿を意味する．法人合併，組織改編，新学部・新学科開設，新教職員採用等を契機とした，大学全体に及ぶ大改革の波が押し寄せている．ここでは，大学の主役・主体である6000人の学生が『SHUDO2.0』の波を乗り越える方策を提示したい．

「2.0」の意味

『SHUDO2.0』は『Web2.0』に由来する．2004年頃，オライリーメディア社長ティム・オライリーが，「これからは『Web2.0』の世界が始まる」と宣言した．Web2.0とは，「Webの新しい環境変化とその方向性」のことである。つまり第2世代のWebのことである．

『SHUDO2.0』とは，オライリーに習えば，『修道大学の新しい環境変化とその方向性』ということになる．大学の主役・主体である，6000人の学生における「大変革」である．

その前に，なぜ「2.0」なのかを説明する必要があろう．インターネットのことをよく知っている人なら，すぐに気づくはずである．また，「情報社会論」または「情報環境論」もしくは「法情報論」の授業を受けたことのある学生ならば，思い出せるかもしれない．

2004年頃，オライリーメディア社長ティム・オライリーが、「これからは『Web2.0』の世界が始まる」というようなことをある会議で宣言した．つまり，Webのあり方がこれまでの姿（あえて同じように表現するならば「Web1.0」ということだろう）を大変革してしまうようなものになってしまうと．これ以来，時系列上の大改革・一大変換を象徴するキーワードとして「2.0」がいろいろところで頻繁に用いられるようになった．突然「2.0」であるので，それ以前の状況は「1.0」だろうというものである．元々はソフトウエア等のヴァージョンアップの販番号であることは自明のことである．

「Web2.0」という新しい潮流のポイントのひとつは，Webをプラットフォームとすることにある．これにより，社会に分散する多数の利用者は，OS（オペレーティングシステム）やアプリケーションソフトウェア，または端末デバイスの制約を受けることなくネットワークを介して結びつき，多様な知識

1．『SHUDO2.0』がはじまった!!

を集結しつつ，さまざまな形態の協働（コラボレーション）を行うことが可能となる．そして、このような協働システムを活用したビジネスやサービスが現実化している．大学という教育現場において，この「Web2.0」を十分に活用することが求められている．教育ツール，学習・勉強ツールとして，その機能を十分に発揮するものと思われる．なお，詳細については，拙著『情報社会論』（ふくろう出版）を参照してもらいたい．

『What Is Web 2.0』における「Web 1.0」と「Web 2.0」との比較

Web1.0	Web2.0
Double Click	Google AdSense
Ofoto	Flicker
Akamai	BitTorrent
mp3.com	Napster
Britannica Online	Wikipedia
personal websites	blogging
evite	upcoming.org and EVDB
domain name speculation	search engine optimization
page views	cost per click
screen scraping	web services
publishing	participation
content management systems	wikis
directories(taxonomy)	tagging("folksonomy")
stickiness	syndication

1．『SHUDO2.0』がはじまった!!

『修道大学の大変革』

《２０１５年４月１日》 新しい「修道学園・広島修道大学」のスタートである．「修道学園鈴峯女子短期大学」・「広島修道大学附属鈴峯女子高等学校」・「広島修道大学附属鈴峯女子中学校」がスタートする．「女子短期大学」を修道大学に組入れ，「女子高校」及び「女子中学校」を附属校化したのである．女子校運営は修道学園にとっては未知の世界である．

修道学園　組織的改革

2015年4月1日	新しい『学校法人修道学園』
2015年4月1日	修道学園鈴峯女子短期大学
2015年4月1日	広島修道大学附属鈴峯女子高等学校
2015年4月1日	広島修道大学附属鈴峯女子中学校
2016年4月1日	広島修道大学人文学部教育学科
2017年4月1日	広島修道大学健康科学部心理学科・健康栄養学科
2018年4月1日	広島修道大学国際コミュニティー学部

このように，修道大学が組織的に大変革を果たしている．組織・建物だけが大変革を果たしても何の意味があろうか．そこで，大学の使命である「大学教育」においても，とりわけその内容においても大改革が必然である．こちらの方は300余名の教職員が「協創」というスローガンを掲げて奮励努力している．めざすは，「広島県，中国地方で一番の大学」である（第3期中期事業計画で学長が宣言した．）．『SHUDO2.0』に向けて，教職員の側は十分用意はできている．あとは，『SHUDO2.0』を実体験する学生側の問題である．

修道大学の主役・主体は，何をおいても，やはり，６０００人の学生であることは疑う余地はない．この６０００人の学生たちにも大変革を実感させなければならない．この６０００人の学生，一人ひとりが『SHUDO2.0』という新しい波を乗り越えられるように教育しなければならない．学生たちが自分のなかに「大変革」を起こす忍耐力を養わなければならない．

『大学の「社会的責任」』

文部科学省高等教育局長通知「大学等が，自らの教育理念に基づき，育成すべき人材像を明確化した上で，それを実現するための適切な教育課程を編成し，体系的・組織的な教育活動を行うとともに，当該大学等の教育を受けるにふさわしい学生を受け入れるための入学者選抜を実施することにより，その使命をよりよく果たすことができる．全ての大学等において，その教育上の目的を踏まえて，「卒業の認定に関する方針」，「教育課程の編成及び実施に関する方針」及び「入学者の受入れに関する方針」（以下「三つの方針」と

1.『SHUDO2.0』がはじまった!!

いう.）を策定し，公表することを求める」．
　この「三つの方針」は「学校教育法施行規則第165条の2」において，以下のように規定されている．「大学は，当該大学，学部，学科又は課程及び大学院，研究科又は専攻ごとに，その教育上の目的を踏まえて，次の1～3の方針を定めるものとする．
　　1　卒業の認定に関する方針
　　2　教育課程の編成及び実施に関する方針
　　3　入学者の受入れに関する方針
　これらの「三つの方針」に基づいて，大学の授業を理解する能力の有無を判断するために入学試験が実施され，大学生としての学力判定のために定期試験が実施され，大学生として卒業を認定する卒業判定会議が実施される．入学者全員を真の大学生として卒業させることが，大学に負わせられた社会的責任である．

『SHUDO2.0に必須の学生力』

1) 勉強動機づけスキル：これは「勉強という行動を起こす『原因・目的』を持っている」ということである．意識的にしても，無意識的にしても，ある行動につながる「原因・目的」があるはずだ．勉強という行動の原因は履修科目の中にある．学生は，共通教育科目から専門教育科目に至るまで多くの科目を履修している．学生は，それぞれの科目において，興味ある事柄や関心ある事柄を発見しなければならない．そして，興味・関心ある事柄について，「なぜ」という疑問を持続的に持ち続けなければならない．疑問を持ち続けるということは「『哲学する』こころ」を持つことでもある．この疑問を解消するためには，興味・関心ある事柄をどんどん掘り下げる勉強をしなければならない．掘り下げたところに，「なぜ」の答えが埋まってことがことが多い．これは「見えないところを考える」ことでもある．

2) 持続的勉強スキル：これは「つねに学び続ける能力」という意味である．人は生涯勉強する．人としての価値（人格価値）を一生涯持ち続けるためには，「ゆりかごから墓場まで」勉強しなければならない．ただ，学生のことだから，大学に居る間の4年間，学び続けることでいいだろう．ここでいう「学び続ける能力」とは，目の前にある問題・課題を，「論理的に考察し分析する能力」と，その結果を，「的確にわかりやすく表現する能力」のことである．後者の能力は，論文やリポート作成等の文章作成において，または，プレゼンテーションや討論会などの口頭発表においてそのスキルが発揮されるはずである．

3) 勉強評価スキル：これは「勉強の内容・方法の確認・反省・改善」という意味である．勉強の成果は論文・リポート・プレゼンテーションシートに

1. 『SHUDO2.0』がはじまった!!

整理されている．それらは，「Google ドライブ」というクラウドに格納されている．また，「ネットワーク コラボレーション ツール」も導入されている．このような「勉強ツール」を利用することによって，何時でも・何処でも，勉強成果を公表・発表できる体制が整っていると言える．口頭発表やプレゼンテーションはゼミナールまたはグループ学習で行われるのが最適である．それは，聴衆者である学生たちの反応・理解・納得を直接実感でき，その実感したことを自分の勉強にフィードバックでき，つぎの勉強に生かすことができるからである．これこそ，P（計画）・D（実行）・C（評価）・A（改善行動）というサイクルで回る「マネジメントシステム」的勉強方法である．

「学生の意識を改革する」

「モノづくりの国，日本」における大学の役割は，「大学生づくり」である．それも，『ほんものの大学生』に作り上げることである．大学への入学から卒業までの4年間の間に（通常は），いわゆる「高校生」を「大学生」に作り変えるのである．4年間とは，1460日，3万5040時間，210万2400分，1億2614万4000秒の長さである．この時間の過ごし方で一生がほぼ確定する．これからの人生の方向を確定するべく大学への入学を決意したのではないだろうか．

最も憂うべき問題は，何の目的や目標を抱かずに，大学に入学する学生の何と多いことか．大学に入ることが目的となっている．そうではないだろう．入学を許されたのであるから，当面の目的は達成された．大学入学という目的は手に入ったのであるから，もう何もしなくていい．そこまで思っている学生は少ないと思う．

大学卒業後の目標は4年間の考えます．そんな暢気なことを言っていると，4年間はあっという間に過ぎてしまいます．中学の3年間も，高校の3年間も，すぐに終わったであろう．「光陰矢の如し」だよね．

大学生用の「ナビゲーション・システム」があるといいと思うのだが，もちろんそんな便利なシステムは存在しない．たとえあったにしても，市販のナビゲーションと同様，『目的地周辺です．』と言ってその役割を終わります．本当はその周辺からがわからないのが通常である．したがって，『自分が自分をナビゲートしなければならない』．

4年間で500万円近く払うところにやってくるのに，何の目的を持たずにやってくる．これはおかしいだろう．そのような大金を出してくれる自分の親に悪いと思うだろう．誰もが羨むようなところに就職する，これが一番の親孝行である．月並みであるが，自分が偉くなると，その親はもっと偉い親になる．自分の親を「偉い子供のもっと偉い親」にしたいと思っていることだろう．そうなるためには，学生一人ひとりが勉強する他ないのである．大学というところは，トコトン勉強することもできるし，また，トコトン遊ぶ

1．『SHUDO2.0』がはじまった!!

こともできる場所である．どちらを選ぶかは学生自身である．

「大学は勉強するところだ」

「大学は何をするところか．」その問いに対する答えはひとつしかない．「大学は『勉強する』ところである．」当然すぎる答えである．大学というところでは，「勉強」も「遊び」も，トコトンできるところである．自由で平等で民主的でもある．警察権の介入も憚れた時代もあった．

息抜きのために，500万円も払って4年間も大学にいるのか．そもそも，大学で息抜きするほど，高校時代に勉強したんだろうか．たとえやったにしても，それはあくまでも大学に入るための勉強でしかなかったはずだ．高校までの勉強では，これからの，60年間，70年間を「人，人間として」生きていくには困難であろう．しかも，大学はひとつの通過点でしかない．学生にとって，大学が最終目的ではないはずだ．

『大学』というところは，これまで生きてきた社会とはまったく異なる「世界」だという覚悟が必要である．すべてにおいて，自分が行動しなければ何も始まらない．

だから，大学で勉強することが必須の条件となるのである．将来の，60年間，70年間を，人として，または，人間として，生きていくために，大学で，「勉強する」のである．誰のためでもない．ただ，ただ，自分のために勉強するのである．つまりは，「『自分をつくる』ために勉強するのである」．

自分が勉強することで，その結果として，家族，周囲の人たちに感動を与えることができる．「大学では自分が勉強しないと，何もはじまらない」．

「何ために勉強するのか」

「自分のために勉強するのである」．もっと言えば，「自分を『変える』ために勉強するのである」．小学生から中学生へ，中学生から高校生へと，自分は変わってきた．いずれも，学校という「勉強の場所」で変わってきたのである．今は，高校生から大学生へと変わろうとしているのである．そして，「自分を『つくる』ために勉強するのである」．それでは，どうして勉強することが『自分を変え』，『自分を作る』ことになるのであろうか．つぎのように考えたい．

勉強は真逆の二つの力を持つ．一つは，自分の無知を認識させてくれる力である．もう一つは，それとは全く逆の，自分の無知を克服させてくれる力である．まず，勉強は自分の不完全な姿を気づかせてくれる．とりわけ，大学生として持つべき知識の質量の最低条件に到達していないということである．そこで，この最低条件を克服するために勉強することになる．

勉強することによって，いろいろなことを『知る』ようになる．しかし，『知る』ようになるためには，教室に座って先生の話を聞いているだけの受け身

的な勉強法では駄目である．やはり，「アクティブ・ラーニング」法にいうように，主体的・能動的・積極的に，あらゆる情報について，自分で調べるという作業が不可欠である．その結果，ある事柄についての理解が生まれ，そして，そのことについての知識が自分の中枢神経に保存される．これが『知る』ということである．何かを『知る』ということで，自分に『変化』が起こる．この『変化』を実感できるまで『知る』ことに集中しなければならない．人は，おしなべて，常に，学び（勉強し）ながら，変化する存在である．いろいろな情報に接し，それが知識となり，その知識がある行動に導き，変化していく．このような一連の過程を繰り返して，『自分というものができ上がっていく』．したがって，勉強量が多ければ，それだけ知識量が増大し，それだけ変化の幅も大きいものになる．『自分に大変革が起こる瞬間である』．最後は，自分を信ずるしかない．信ずるにたるだけの自分をつくる．大学はその大変革の機会を提供する場である．その機会を掴むのは学生自身である．

「『哲学する』こころ」

　「授業についていけない」，「何をどのように勉強したらいいかわからない」，「将来の夢がない」，「大学はつまらない」，「大学にきた目的が見い出せない」，等々．大学に入学はできたものの，3年次生になった学生にも，このような発言を繰り返すものがいる．そのような学生に共通して欠けているものがある．それは，『哲学するこころ』である．
　フランスの高等学校の最終学年に設けられた「哲学クラス」で使用される教科書『哲学講義』（P. フルキェ著森他監訳筑摩書房 1976 年）から，そのような学生に是非読んでもらいたいと思う部分を抜粋・引用して紹介する．
　「知恵としての哲学」という目次の中の一節である．
　「知恵は，事物について，とくに人間的事物についての説明をめざす熟考として性格づけられる．それは単にあれこれの事実を記憶に留めるだけではなく，とりわけ事実の原因や根拠に専念する．たえず，≪なぜか≫を問いつづける．≪哲学する≫という動詞の意味するものがそれである．」（「認識」（1）52 頁）
　「『わたしは自分の哲学を知っている』という若者は，その言葉で，哲学的精神の根本的な欠如を示している．哲学するとは本質的に，理解するために熟考することである．したがってまた，熟考について熟考することがふさわしい．」（「認識」（1）54 頁）
　「哲学の目的」という目次の一節である．
　「中等教育の最終学級の哲学だけを考えれば，哲学は，まず第一に文学的，人文学的教養を補うもの，ついで，哲学的な諸問題への手引きをするものと言えよう．… 哲学に固有な見地からすれば，哲学学級には，たしかにいくつかの使命がありうる．が，哲学学級は専門的な哲学者を仕込むために設けら

1. 『SHUDO2.0』がはじまった!!

れてはいない．哲学学級が，熟考を促すことによって，また合理性のいっそう大きな要求に慣れさせることによって仕込むのは一般の人間である．だが，もっとも重要なのは，文句なしに，人生の意味であり，哲学学級はこれを認識させるようにしなければならない．1年以内に，哲学学級の生徒たちを，主要な問題の省察によって，古今の大思想家たちが得た教養に与らせたいものである．」(「認識」(1) 64-65頁)

「結論-哲学の定義」という目次からの一節である．

「自然的な認識の体系である以上，哲学は神学と区別される．方法的に獲得され秩序付けられた認識の体系として，哲学は通俗的な知識と対立し，科学に近づく．だが哲学は，すべての事物をその根本的もしくは究極的な根拠によって説明しようとしたり，第一原因や究極目的に関する問題を提起しない科学と区別される．」({認識}(1) 67-68頁)

「もっと今日的で，我々の時代の哲学にいっそうふさわしい定義を望むなら次のようにも言える．『哲学とは，人間がそれによって自己自身を理解しようとし，世界のなかでの自分の位置を確定しようとする思考の努力である』と．」(「認識」(1) 68頁)

「思考の努力としての哲学は，本質的には探求することである．探し求めるのは，いうまでもなく見出すためである．が，なによりもまず重要なのは，諸問題をはっきり見ることである．多くの人々にとって，問いは答以上に価値がある．」(同上)

最後に，「哲学の必要性」という目次からの一節を掲げる．

「哲学が必要なのは，ただ人間として生きるためである．哲学とは，人生の合理的な骨組を構成しうるような諸原理の集成なのだ．このような骨組を欠くならば，人生の主要な問題について優柔不断な考えしか持たないことになる．さらに，そのことを自覚しなければ，周囲や党派的宣伝によって押し付けられた意見を採り入れることになる．ひとは気分（体液）の玩具になる．つまり真に自己ではなくなるのである．」(「認識」(1) 70頁)

「大学の教授」〜「アクティブ・ラーニングの専門家」〜

　通常,「先生」と呼ばれる．幼稚園から大学に至るまで,「先生」が,園児,児童,生徒,学生を教えることになる．これらの「先生」の中で,教員の免許（自動車の運転免許に比べて数百倍難しい）がなくてもなれるのが,唯一,大学の「先生」である．中学卒業しただけで,東京大学の教授になった人もいる．教員免許は,教育能力資格の証明である．どんな免許もそうであるが,ある仕事を開始するための最低限の能力の証明でしかない．昔,予備校の教師が言っていた．「先生とは,『先に生まれただけのものだ』,『先ず生きるやつだ』（ただただ長生きするという意味）」その通りの先生も確かにいる．

　大学の先生になるには,専門分野の論文を揃えておかなければならない．教員として採用される場合には,審査する教員が提出された論文を読んで,教育能力・研究能力を判断するのである．最初の段階では,論文の審査結果が採用の合否を決定する．そのあと,関門がいくつかあるが,要するに,その分野の専門家でなければ採用されない．教養科目もしくは共通教育科目担当教員もまったく同じである．教養科目もしくは共通教育科目というのは,全学部全学科の学生がそれら科目を履修できるという意味であって,担当教員の方はその科目の専門家であることにはちがいはない．教養科目・共通教育科目だからといって,軽んじてはならない．

　昨今さかんに「アクティブ・ラーニング」ということが言われるが,すべての大学教員は,その学部・大学院の時代に,アクティブ・ラーニングを実践してきた人たちである．このことに異論を唱える唱える人もいないと思われる．大学教員になるような人は,学生時代にそのような勉強の仕方をすでに修得している．そうしないと,優秀な論文,すなわち,教員審査の合格水準に達する論文は書けなかったはずである．論文の標題から,目次作成,問題設定,その解決方法,結論,等々,すべて一人でやらなければならない．そして,標題の適切性,論理の一貫性,文章構成,新奇性,独自性,社会的貢献度,等々,これらが前述の審査項目である．

『どういう方法で勉強するか』

　「自分のために勉強するのである.」もっと言えば,「自分を『変える』ために勉強するのである.」小学生から中学生へ,中学生から高校生へと,自分は変わってきた．いずれも,学校という「勉強の場所」で変わってきたのである．今は,高校生から大学生へと変わろうとしているのである．そして,「自分を『つくる』ために勉強するのである.」それでは,どうして勉強することが自分を変え,作ることになるのであろうか．つぎのように考えたい．勉強することによって,いろいろなことを『知る』ようになる．しかし,『知る』ようになるためには,教室に座って先生の話を聞いているだけの受け身的な勉強法では駄目である．やはり,「アクティブ・ラーニング」法にいうように,

1. 『SHUDO2.0』がはじまった!!

　主体的・能動的・積極的に，あらゆる情報について，自分で調べるという作業が不可欠である．その結果，ある事柄についての理解が生まれ，そして，そのことについての知識が自分の中枢神経に保存される．これが『知る』ということである．何かを『知る』ということで，自分に『変化』が起こる．この『変化』を実感できるまで『知る』ことに集中しなければならない．人は，おしなべて，常に，学び（勉強し）ながら，変化する存在である．いろいろな情報に接し，それが知識となり，その知識がある行動をに導き，変化していく．このような一連の過程を繰り返して，『自分というものができていく．」したがって，勉強量が多ければ，それだけ知識量が増大し，それだけ変化の幅も大きいものになる．『自分に大変革が起こる瞬間である．』　最後は，自分を信ずるしかない．信ずるにたるだけの自分をつくる．大学はその大変革の機会を提供する場である．その機会を掴むのは学生自身である．

『勉強の方法を変える』

　「これをやりなさい！」または「ここを勉強しなさい！」これは先生の命令である．その命令に応えるということは，何かをやった形跡が残っているだけのことである．言われたことをやっただけである．ある命令に従うということはそういうことである．本人が理解しているかどうかは関係ない．やったことを自分なりに理解していなければならない．命令を受けた生徒・学生の「こころ」とは何の関係もない．法律は国の命令である．他の人（警察官）が見て，法律に従った行動をとっているということがわかればいいだけの話だ．その行為者の心の内とは無関係である．　「命令に従って勉強する」と正反対にあるのが，「自分で，自分の意思で勉強する」ということであろう．自分で勉強の計画を作成し，その計画を実行するだけの話である．

「見えないところを考える」

　こういう問題を学生たちに出した．
「『携帯電話（ガラ系ケイタイ）』と『スマートフォン』の類似点と相違点を挙げよ」
　［類似点］と［相違点］について，学生たちが解答してくれた．
　類似点
　　　(1) カメラがついているので写真がとれる．
　　　(2) 電子メールが使える．
　　　(3) いろいろがアプリが使える．
　　　(4) カレンダーが使える．
　　　(5) 極小コンピュータを使っている．
　　　(6) ユーザが多い時には接続できない．

相違点
  (1) スマホの電池切れが早い．
  (2) スマホの方がアプリが多い．
  (3) スマホの方が画面が大きい．
  (4) スマホはアプリの入れ替えができる．
  (5) スマホの方がインターネットを使いやすい．
  (6) ケイタイの方が料金が安い．

　ここまでの答えでは，「見えるところ」しか見ていない．中学生には悪いが，この程度の答えでは，それは中学生の答えである．大学生の答えではない．ほとんどの学生はここで思考停止する．いわゆる「思考力」が途切れてしまうのである．学生は両者の「スペック」にまで掘り下げようとしない．「スペック」とは，「機械的仕様」のことである．スペックはメーカーのHP上で公表されている．

　「『なぜ』両者の間にこのような相違点が生まれるのか」というように，この「なぜ」が出てこないからである．最初の「なぜ」が解消された途端に，次の「なぜ」が，またその次の「なぜ」が生まれてくるはずだ．そして，すべての「なぜ」が解消されて初めて「最適解」に巡り会えるのである．

　つまり，スマートフォンには「プラットフォーム」が搭載されており，これにより，スマホは携帯電話とは全くことなる様々な機能を備えている．これらの機能は「見えないところ」に隠されている．

『見えるものはその意味を考える』

　法学の授業で最初に覚えるのが，「法律は意味的存在である」という言葉である．その説明としてよく使われるのがつぎの言説である．
　『この橋，牛馬渡るべからず』と書かれた木製の「立て札」が橋の両端に立っている．ここで「見えるもの」は，「この橋を牛や馬は渡るな」ということだけである．果たして，そう読むだけでいいのだろうか．その「立て札」には「どういう意味」が込められているのだろうか．そこまで考えなければならない．すなわち，その意味は，牛や馬だけが渡ることを禁止されているのではなく，「牛や馬のような『体重のあるもの』は渡ることはできないということである」と説かれる．つまり，橋の強度としては，牛や馬の体重以上には耐えられないということである．牛や馬の体重はだいたい５００ないし６００キログラムである．「意味的存在」という意味は，そういうことなのである．そうすると，今なら，牛馬以外のもので，牛馬と同等の重量のある乗用車や大型貨物自動車等も通行禁止になるなずである．大相撲力士（２００ｋｇ以上の体重がある）も渡ることを禁止されるのであろうか．
　そこで，いい問題がある．「俳句甲子園」，「グルメ甲子園」というように，「○○○甲子園」が，甲子園球場とは関係のないところで，しかも，高校野球とは関係のない種類のコンペが大流行である．元々は，「全国高等学校野球大

1.『SHUDO2.0』がはじまった!!

会」が「甲子園球場」で開催されている．そのことに端を発して，「甲子園」は，「文科系・理科系高校生のあらゆる分野の能力の競争大会」という『意味』を持つようになった．

　21世紀の情報社会では，「『爛熟した』情報社会」とでも言いうるような情報環境が提供されている．スマートフォン，タブレット，PC，ウェラブル端末等々．これらの情報機器は，確かに，使って，便利である，快適である，楽しい．果たして，それだけでいいのだろうか．それぞれのメーカー企業は考えてはくれない．そのような情報機器が持つ「意味」である．この「意味」こそ，情報機器の「見えないもの」であり，「見えるものの『意味』」である．この『意味』を考えることができれば，人は情報機器の奴隷になることにはならず，情報機器から解放され，むしろ，情報機器を支配できるようになる．

『ゼミナールで鍛える』

　「ゼミナール」は，ドイツ語の"Seminar"を語源とする．ドイツ語の名詞の最初は大文字で始まる．英語は"seminar"であるが，その場合は「セミナー」と読むだろう．ドイツ語だから，最後の"r"が発音されて，「ゼミナー『ル』」となる．また，ドイツ語の"Se"は「ゼ」と発音するので，「『ゼ』ミナール」となる．日本語では「演習」という意味である．

　このゼミナールが大学において少人数教育を実感できる少ない場所である．せいぜい数人から10数人程度の学生数で構成されるはずである．通常は小さなゼミナール専用教室で行われる．そのため，教員と学生間の距離感を意識できない．また，少人数ということであるから，学生側の報告・発言の機会は多くなる．『大学生』を実感できる場所でもある．学部・学科によって若干差異はある．ゼミナールは「12単位一貫教育」と言われる．つまり，ゼミナールは，3年次の「ゼミ1・2（4単位）」，4年次の「ゼミ3・4（4単位）」及び「卒業論文（4単位）」という6セメスターから連続的に構成されている．

　何よりも大切なことは，ゼミナールは『学生主導』で運営されることである．ゼミナールでの最終目的は卒業論文の作成である．したがって，通常のゼミの授業は，その卒論作成を見通した内容になる．担当教員の専門領域の中から学生自身の卒論の標題（テーマ）を探すことが，最初の勉強である．学生自身が選択した標題に関する資料や情報を収集・整理して，それを報告・発表することになる．これらの活動は学生が個人的に単独で実行しなければならない．勉強・研究は孤独である．誰も助けてはくれない．ゼミナールではすべてのことを一人でやらなければならない．だから，勉強になるのである．教員は報告・発表の方向性のチェックや関連の資料や情報の追加の指示をする程度である．ゼミナール担当教員は，その学生の時代に前述のことを忠実に実行した生きた経験者である．

1．『SHUDO2.0』がはじまった!!

『グループ学習で鍛える』

　まず，何かのきっかけを作って仲間を集め，一つのグループを作らなければならない．チューターでもいい．食堂で隣り合って座った．図書館でよく出会う．教室でよく見かける．同じバスに乗る．出身校が同じだ．出身地が同じだ．あるいは，ゼミに入れなかった学生（通称『ノンゼミ学生』）が集まる．いよいよ最後の手段として，適当な教員に相談をする．きっと何らかの方法を示唆してくれるはずだ．仲間を集めるチャンスは無数にある．ただ，声をかける勇気がないだけだ．最初の声かけができれば，同じ大学に通っていることだけでお互いの心は通じ合うはずだ．そんな声かけを待っている学生も少なくはない．文字通り，私的なゼミナールというわけである．

　集合場所・集合曜日・集合時間，これらは，やはり，事前に確定しておきたい．回を重ねていけば，誰かが必ずそこで勉強しているという状況が作り出される．そうなったら，もう占めたもんだ．毎回，発表者と発表テーマを決めておく．発表後には，発表内容について，大いなる議論が展開される．意見交換，情報交換が行われ，参加者全員が同じ量の，同じ内容の情報を持つことになる．参加者全員が同じ情報を共有することによって，そのグループの「IQ」（知能指数）は格段に高まる．そのグループのメンバー全員が幸せになる．場所は「ライブラリー・コモンズ」がお勧め．となりでお茶・ケーキもできる．

「『教えない』授業」

　ある調理師専門学校の理事長校長のインタビューの一部である．このインタビューで,「『教えない』教育」というところに関心があった．何でもすべて教えることが，果たして，学生のための「教育」になっているのだろうか．

　　世界で通用する一流の料理人を育てるには，どんな力を伸ばしてあげることが必要なのでしょうか．
「自分の頭で考える力です．もちろん，プロとして必要な調理技術を習得することが大前提です．その上でたいせつなのが，考える力です」．
「プロの世界に飛び立ったときに，いわれた通りの仕事をするだけでは単なる労働力としてしか扱われず，やみくもに苦労を重ねる恐れがあります．現場の状況変化を機敏にとらえ，解決策を考える力があれば欠かせない人材になる．一つのレシピからいくつもの料理を展開させる道筋を考える力が必要です．それは他の分野の技術者でも，企業人でも，変わらないのではないですか」．
『考える力』を伸ばすためにどんな授業をしているのですか．
「逆説的ですが，教えない授業です．そして学び合う授業というコンセプト

1．『SHUDO2.0』がはじまった!!

を重視しています．何から何まで教師が一方通行でたくさんの知識・技術を与えてしまうと，学生は考えなくなってしまう．2年目の『シミュレーション実習』という授業では，店を開いているのと同じ状況で料理を提供した学生たちとは別の学生たちが客になって，『なにがたりなかったか』を分析させて，『どうしたらよくなるか』を議論してもらう．現場の教員は，学生たちの議論を合理的に展開し，人格攻撃にならないように上手に誘導します」．

【アクティブ・ラーニング】

教員による一方向的な講義形式の教育とは異なり，学修者の能動的な学修への参加を取り入れた教授・学習法の総称．学修者が能動的に学修することによって，認知的，倫理的，社会的能力，教養，知識，経験を含めた汎用的能力の育成を図る．発見学習，問題解決学習，体験学習，調査学習等が含まれるが，教室内でのグループ・ディスカッション，ディベート，グループ・ワーク等も有効なアクティブ・ラーニングの方法である．

【サービス・ラーニング】

教育活動の一環として，一定の期間，地域のニーズ等を踏まえた社会奉仕活動を体験することによって，それまで知識として学んできたことを実際のサービス体験に活かし，また実際のサービス体験から自分の学問的取組や進路について新たな視野を得る教育プログラム．
サービス・ラーニングの導入は，1）専門教育を通して獲得した専門的な知識・技能の現実社会で実際に活用できる知識・技能への変化，2）将来の職業について考える機会の付与，3）自らの社会的役割を意識することによる，市民として必要な資質・能力の向上，などの効果が期待できる．

2.『こんな学生は要らない』

1）「『先生の授業は単位がとりやすいですか』と聞いてくる学生」

こんなことを聞いてくる学生のほとんどは勉強をしない．勉強したくないから，勉強しなくても単位がとれる授業を好むのである．だいたい，勉強をしなくても単位がとれる授業など大学にはない．そもそも，そのような授業科目をおいていては大学の意味がない．勉強をしなくても卒業できるような大学は「三つのポリシー」に対するコンプライアンス（規則遵守）違反であり，大学の社会的責任を果たしていない．大学生としての「質」が伴っていない．「この学生は『ほんものの大学生』である」という，大学生の，いわば「品質保証」する責任が大学に負わされている．

　単位が取れるか否かは学生自身の問題である．勉強すれば単位はとれるし，勉強しなければ単位はとれない．それだけの話である．大学生として普通に勉強していれば，単位を落とすことはないはずだ．文科省の基準は，大学での１時間（大学時間では90分のこと）の授業に対して４～５時間の自宅学習をすることが前提となっている．だから，年間の履修単位数の上限があり，週の履修科目数に制限がある．いわゆる「自宅学習」の絶対時間数が少ないことが日本の大学生の特徴である．世界中で最も少ない．ほとんどの学生はゼロ時間ではないか．

　学生の９０％近くは３年で卒業単位の９３％をとっている．４年生のほとんどは４年生でしか取れない授業科目のみを残しているのである．ゼミナール授業と卒業論文だけである．単位を落とし，卒業延期となる学生は極々少数派である．

　９月初旬と３月の終わりごろ，成績発表の日に合わせて，修得単位僅少学生と面談を実施してきた．毎回同じ学生と面談することが多い．反省の態度を示し，「次年度はフル単で頑張ります」と言って帰るが，また面談するはめになる．単位僅少の学生は，「アルバイト」や「クラブ・サークル」をその理由とする．そのようなことを単位僅少の言い訳にするのは，自分に対する一種の甘えである．４年間アルバイトで学費と生活費を稼ぎ出し，卒業後は一流企業に就職できたという学生も少なくない．そのような学生の４年間は緊張の連続であったと思う．

2.『こんな学生は要らない』

2)「教科書を持っていない学生」

　教室の中で教科書を持っていない学生を見ると，この学生は本当に勉強する意欲があるのかと疑問に思ってしまう．重いので家においてあるというのとはちがう．端（ハナ）から教科書を購入していないのだ．そのため予習することも復習することもできない．受ける授業の前に教科書を読んでおくということは，学生が授業との「つながり」を持つことを意味し，授業への「きっかけ」を持つことになる．それがないのであるから，すべてが，授業で初めて目にすること，耳にすることばかりである．教員の方は，学生が教科書を持っているという前提で授業を進める．でも，いつも肩透かしを喰らう．学生にとっては初めてのことばかりなので，学生の反応が鈍い．試験直前に教科書を手に入れても，その教科書は試験には役立たない．試験のときに初めてみることになるわけだから，どこに何が書いてあるのか皆目見当がつかない．普段から教科書を読み込んでいないとどこに何が書かれているかすぐさま探せないのは当然である．この類いは教科書の最悪の利用法である．学生が教科書を読んできているということを前提に教員は授業を進める．教員は教科書に書いたことは授業では簡単に説明し，大いに関連するが，時間的に教科書に書けなかった重要な事柄について説明したいのである．そういう部分を，学生は教科書に追加的に書き込むか，または，ノートに書き込まなければならない．試験前にあわてて購入するのであれば，最初から購入しておくべきである．試験で合格点をとるための投資のひとつである．

3)「ノートもメモもまったくとらない学生」

　このような学生は，教員の言うことをすべて記憶しているのであろうか．まったく逆だろうと思う．このような学生は，授業に主体的に参加していないように思われる．つまり，教員の言うことがまったく耳に入らないので，何をどのようにノートをとったらいいかわからないのである．前もって教科書を読んでいない，あるいは，予習もしていない．だから，教員の言うこと一字一句漏らさずすべてを書き取らないといけないという恐怖感に苛まれる．それは，まるで，その授業の教科書を書いている姿だ．そんなことは国会のプロ速記者にしかできまい．授業で初めて耳にする言葉や用語ばかりである．一字でも書き遅れると，そこで鉛筆が止まってしまう．

　どのようなノート作りをするか．それは，試験の時に役に立つようなノートを作成しなければならない．「試験の時はこの『自作ノート一冊』で十分」というようなものを作成するように心がけるべきである．

　学期末定期試験で，「『自筆ノート』のみ持込可」という科目も少なからずある．そのような科目試験にはどのように対応するのであろうか．試験が近づくと，複写機に長蛇の列ができる．他の学生が作成したノートをコピーするためだ．ひょっとしたら，著作権法違反という犯罪行為のきっかけになる

かもね.

時々，スマホを取り出して，プロジェクタのシート画面をカメラに納めている学生がいるが，果たして，もう一度見ることはあるのだろうか．カメラに納めたことで，勉強した気になっているのが関の山だ．

4）「授業の遅刻・欠席をサークルやアルバイトのせいにする学生」

大学のサークル・アルバイトで授業に出られなくなって，試験も受けられなくなって，結局単位を落としてしまう．そのあとは，お決まりの道を歩むことになる．つまり，留年，休学，卒延，退学という道である．「大学生」という身分があるから，サークルに参加でき，アルバイトもできるのとちがいますか．つまり，「大学生」であることが，サークル・アルバイトへの参加資格である．したがって，「大学生」をやめると，それらの参加資格を失うことになる．サークル・アルバイトは「大学生」という身分を前提条件にしている．「大学生」をやりながらサークル・アルバイトもする．常に，「大学生」が先にくる．どうしても，「大学生」でありつづけることが必須の条件である．それでは，まず，何をすべきかを熟慮すべきである．それが決まったら，即実践に移す．「学生」でありながら，勉強以外に，「やるべきこと」，「やりたいこと」などいろいろあるはずだ．ただ，自分の立ち位置から，いろいろなことの一つひとつに優先順位を設定しておくべきである．

5）「質問すると，スマホに答えさせる学生」

何か質問すると，手に持っているスマホで答えを探し，その答えを丸読みしてしまう学生がいる．あたかも，自分自身で答えを発見し，自分の答えだと言わんばかりの態度である．何も言わずにスマホの画面を差し出すより，読んだ方がまだましか．いずれにしても，試験でのカンニング行為と五十歩百歩だ．どんな人が書いたのかもわからない．そもそもそれが本当の答えかどうかもわからない．これって，自分では何も考えていないよね．「わかりません」と素直にいう方がまだましではないか．その神経が気になる．このような「スマホ」の利用方法はいただけない．「自分の答えは〇〇〇です」と最初に自分の解答を披露する．つぎに，「スマホにも同じような答えがあります」か，もしくは，「スマホには別の違った答えがあります」というように，自分の答えに対する同調者もしくは反対者が存在するということを示唆するのにスマホを利用するのなら，それもスマホの利用方法のひとつである．他人が作成した文章を，自分が書いたように装うのは，それは，立派な違法行為である．著作権法という法律に違反するのである．昼飯に適当な場所を探せと言っているわけではない．コンパの場所を探せと言っているのではない．「授業中での質問に答えなさい」と言っているのだ．少しでも，自分で考える態度を示して欲しいものだ．

2. 『こんな学生は要らない』

6)「授業とは無関係の談笑の多い学生」

授業の内容とはまったく関係のない話を隣近所の学生同士で続けている．結構大きい声で話しているので，授業の邪魔になることが多い．授業を中断させられることもしばしばである．授業に関係のない話ならば，教室から出て行ってやってもらえないだろうか．これって，ある種の犯罪とちがいますか．その間授業ができなくなるのであるから，教員の教育する権利，授業という仕事をする，いわば「労働の権利」，これらの権利を奪っている．他方で，真面目に授業を受け，知識を獲得しようという意欲ある学生たちの教育を受ける権利，学習する権利，人格形成の権利，これらの権利を奪っている．このように，人間にとって，極めて重要な多くの権利を侵害することになる．談笑を続ける学生たちだけが不利益を被るのであれば，見てみない振りもできるが，これだけ周囲の人たちに重大な迷惑をかけることになる．授業に無関係な談笑は犯罪だ．気をつけてもらいたい．

談笑する学生は大教室では中段から後方にかけて多く座っている．学生たちは勘違いしている．少し高くなっている教壇という位置からは，むしろ，中段から後方にかけて座っている学生たちの顔がよく見えるのである．「A」を取りたい学生は前から5列まで，「B」「C」を取りたい学生は前から10列まで，「D」でもいいという学生は16列から後方，とでもしようかと本気で考えることもあった．

7)「モニタ画面の文字をただただ写している学生」

この姿はコンピュータ授業で多く見られる．HTML言語を使用してホームページ（HP）を作成する授業での話である．いわゆる「タグ」を使って数ページを作成する．「目次」，「AboutMe」，「時間割表」，「クラブ活動」，「国内・海外旅行」，「リンク先」などの標題で，5ページ以上を作成することにしている．簡単な内容ではあるが，そのための「教科書」はある．教科書の方は電子版ではないので，その該当箇所を学生自身で入力すれば，一応ブラウザ上にはHPらしく表示できる．　モニタ画面は教員のコンピュータ画面と同期をとっている．学生が教員用画面をただ写すのを避けるために教卓のホワイトボードを使用すると，学生の手が止まってしまう．どのエディタ（編集アプリ）を使って，どのように入力するのか，そのような基礎的知識がまったくないのである．そのことに関する質問すらできない．そこで，教員のモニタ画面を一字一句もらさずすべて入力することになってしまう．最悪なのは，学生自身の名前を入力するところに，教員の名前を入力してしまう．何も考えていない．「名前」や「メールアドレス」を入力する箇所では，当然，自分の「なまえ」や自分の「abcd@alpha.shudo-u.ac.jp」を入力するはずなのに，そこまで頭がまわらないのか．

8）「試験でのＤ評価に対して,『出席率が高かったのに』と異議を唱える学生」

　出席率100％．しかし，試験の結果は不合格．右側の入り口から入り，カード読み取り機器に学生カードをかざして，そのまま左側の出口から出て行ってしまう．大規模教室ではよく見かける光景である．それでも「出席データ」は記録される．その「出席データ」は「一人の学生が機器の前を通過した」という意味である．それ以上のことも，それ以下のことも語っていない．「出席率が高かった」というのに，なぜ，出席率と試験の結果が連動しないのか．授業に「出ている」だけで，机の前に「座っている」だけで，授業に参加していない，授業に集中していない，授業中，自ら学習・勉強していないという証明である．「授業」は「スピードラーニング法」には馴染まない．聞き流すだけでは，文字通り，授業内容がすべて流れ出て，頭には残らない．「睡眠学習」も，同様に「授業」には馴染まない．高い出席率だけの学生に履修科目の合格点を出すのであれば，それは大学の社会的責任の放棄である．高出席率の受講者に合格点を出すのは，それは「市民講座」のやり方だ．大学の授業は市民講座とは異なる．大学の授業は学生たちの知識の修得，学力増進を目的としている．「授業」は，むしろ，「アクティブラーニング法」でないと理解できない．

9）「むやみやたらと『欠席届』を提出する学生」

　「欠席届」にはどんな意味があるのだろうか．「欠席届」を提出したら，その授業において「出席」扱いにしてくれるとでも思っているんだろうか．実際に授業に出席していないのに，「出席」とみなすとはどういうことなんだろうか．「出席」だけで合格点がもらえる．大学はそのような場所ではない．小・中学校には「精勤賞」「皆勤賞」というものがあった．精勤賞は1年間で数日の欠席でもらえた．皆勤賞は文字通り「皆勤」であるから欠席0（ゼロ）でなければもらえなかった．学校行事で欠席する場合のみ「出席」扱いにしてくれた．それは，児童・生徒側の事情・理由ではなく，学校代表として他校で開催される行事に参加するわけであるから，「出席」扱いするのは当然であろう．代表になるくらいの児童・生徒だから，欠席の日に出された宿題は後日ちゃんと提出していた．児童・生徒でも「自己責任」の意味を知っていた．

　「先生，来週の授業休みます．親戚の結婚式がありますので．これ『欠席届』です．」「先生，先週内定式でした．これ『欠席届』です．」「先生，これ『欠席届』です．インフルエンザの診断書です．」欠席届を出しても，欠席した日の授業について聞いてくる学生は皆無である．

　大学生には「有給休暇」はない．会社員には，一定の日数ならば，休んでも給料が支給される制度がある．しかし，大学生には，授業を休んでも単位が支給される制度はない．授業を休めば，その分が自分に返ってくる．すべて，自己責任である．

2. 『こんな学生は要らない』

10)「体育の授業でもないのにジャージを着用している学生」

　ルイ・ヴィトン製のジャージでも，ジャージはジャージである．

　大学は自分の家とは別の社会である．社会には自分以外に大勢の人がいる．つまり，「自分」を見てくれる何千個もの「目」があるということだ．それらの「目」が気になるはずである．いや，気にしなければいけない．それが「自意識」という感情である．そう，人前で顔が赤くなるのはその自意識のせいである．むしろ，過剰といわれるくらい自意識を持つべきであると思う．

　大学の通常の授業に出るための「服装」というものがあるはずだ．そう，いわゆる「普段着」である．「普段着」は寝間着やパジャマとはちがう．最近，就職の面接でも，普段着でくるようにという会社がある．学生はとまどう．「先生，普段着って，何を着て行ったらいいんですか」と質問にくる．日頃から，普段着の訓練をしておくべきである．

　大学の恩師がいつも言っていた．曰く，「形式は内容を決定する」と．つまり，「服装がその人の人間性または人格を物語る」というわけである．あるいは，「人格が服装に表れる」と言い換えてもいい．制服制度を導入している組織は，制服を着用させることによって，半ば強制的に，着用者の人格をその組織の方針に従わせようとすることである．

　普段着に『着替える』という行為が「大学生の『人格』を持つ」という意味である．「普段着」といっても，あなどるなかれ．周囲の何千もの目があなたを見ている．「服装」も「自己表現」「自己主張」「人格表現」の手段のひとつなのだ．

3．北原教授の『大学生倫理綱領2.0』

概　要

　「大学生の倫理」、当然、存在する。倫理は人間の社会生活上の根本原理である。倫理は人間同士の利害衝突の調整機能を持ち、社会生活における行動規準を示す規範である。大学もひとつの社会である。大学生倫理は、大学生の根本原理である。大学の行動規準を示すものである。倫理は、「他人に迷惑をかけるな」と教える。大学生倫理綱領は、大学生にとっての行動規準である。自分が「大学生」であると自覚しているならば、是非、この行動規準にしたがって行動し、充実した大学生活を送ることを切に希望する次第である。

１．大学生意識

倫理綱領１：「大学生は大学の『主体・主役』である」ことを常に意識しなければならない

　大学の主体はそこに学ぶ学生たちである．学生は大学に関わるステークホルダとして第一義的存在である．大学生のいない大学はその存在を認識されない．大学は学生が学ぶ空間である．大学は，財政的には，学生が納める授業料等（いわゆる「学生納付金」）で成り立っている．その意味でも大学の主体は学生である．大学は学生自身によって支えられているのである．

　大学における主役はそこに学ぶ学生たちである．大学は勉強する空間である．勉強をするのは学生たち自身である．したがって，大学で中心的役割を演じるのは学生たちである．その意味でも，大学における主役は学生である．大学生は大学という舞台で常に主役を演じなければならない．大学における主役の演技は「勉強する」ことである．

　在籍学生数が大学の収容定員（単純には入学定員の４倍の学生数）に満たない時期が継続すると，それだけ学生納付金が減額することになるから，大学運営が財政的に困難になる．

　大学は，学生にとって魅力ある学舎となるべく持続的な組織改革を迫られている．また，勉強をしない学生の多い大学の教員もまた，同じように，勉強（研究）する必要性を感じなくなってしまう．勉強しない学生は，その周囲の学生および教員を勉強させなくしてしまう．この悪循環によって，大学のあるべき姿を失うのは必須である．

3．北原教授の『大学生倫理綱領2.0』

倫理綱領2：「大学生は『目的・目標』を持たなければならない」

　大学生は，ある目標・目的を抱いて入学したはずだ．その実現方法を発見するために大学に入ったのだ．大学に入ることが学生の最終目的ではないはずだ．人生において，大学に居るのはわずか4年間である．大学はひとつの通過点にすぎない．卒業したら，「あの仕事をしたい」，「あの会社に入りたい」，「あんな人生を送りたい」，というような明確な目的を持って大学にこなければならない．そういう目的をもてないことから，大学で何をしたらいいのかわからなくなってしまう．勉強する目標が消えてしまっている．勉強しようという意欲も，入学後早々に消滅してしまう．明確な目的を持っていないことから，いざ就職活動に入っても，すべての業種にエントリして，何十ものの会社に履歴書を送るはめになってしまう．入学時に目的を持てなかったのならば，通常の授業のために勉強するしかない．猛勉強することによって，最初はぼんやりと，徐々にはっきりと，目的・目標の輪郭が見えてくることもある．

　学生が「勉強する」という意味は，一つは，外界，すなわち，社会についてのあらゆる情報を獲得することであり，もう一つは，自己の知的関心・興味を悟ることである．自分の能力とそれを発揮できる社会について理解できれば，両者が出会うところが必然的に現れてくるはずだ．勉強は社会を知り己を知ることに通ずるのである．

倫理綱領3：「大学生は図書館に『指定席』を確保しなければならない」

　授業と授業との合間，授業終了後帰宅までの合間，授業終了後アルバイト先に行くまでの合間，すなわち，空いた自由な時間には，図書館に直行すべきである．大学に入って，一番びっくりするのは，図書館に入った時だろうと思う．その建物の大きさ，書籍類・資料類・雑誌新聞類の充実度，どれをとっても，学生にとっては初めての体験となるはずだ．30分でも1時間でもいい．いつも同じ席に座る．しばらくそれが続くと，その席が自分の指定席になる．図書館利用が習慣となっている学生たちは限定的で，ほとんどが同じような顔ぶれである．したがって，利用者仲間同士で暗黙のうちに座る席が決められている．これが『指定席』というわけである．名前も知らない，学部学科も知らない，ある学生が自分の『指定席』をとっておいてくれる．その逆もある．

　自習できるのは図書館だけではない．ここ数年間で，自由に自主的に勉強する場所が随分と増設された．プレゼンテーション，議論・討論，グループ学習などができる場所もある．このような場所を利用しないのはもったいない．そのような場所に入れば，その雰囲気から，自ら勉強しようという意欲が湧いてくるはずだ．

2．学業・授業

倫理綱領4：「大学生は『学業・授業』を第一義的に考えなければならない」

　大学生は大学での学業・授業を最優先しなければならない．そして，全履修科目において合格点に到達しなければならない．そうすれば，大学生という身分を持続できる．大学生という身分を維持・継続するためには，普段の授業に出席し，定期試験では常に合格点をとらなければならない．アルバイトができるのも，クラブ・サークル活動ができるのも，『大学生』という身分があるからだ．『大学生』でなくなったら，アルバイトもサークル活動もできなくなってしまう．したがって，アルバイトやクラブ活動のせいで授業に出られなくなったということは，本末転倒である．履修した授業の試験で不合格となるのはそれこそ時間の浪費である．最低点でもいい．履修したすべての授業で，とにかく合格することが大事である．そうしないと何もはじまらない．大学というところでは，授業の試験成績でしか学生を評価できない．

　そもそも「大学生の『仕事』は『学業』である」．この言説を疑う人はいないであろう．「仕事」とは「しなくてはならないこと」という意味であり，「学業」とは「学校での勉強」という意味である．つまり，「大学生には大学において勉強する責務がある」ぐらいの意味である．人は一生涯仕事と付き合わないわけには行かない．

倫理綱領5：「大学生は一つの『研究課題』を4年間持ち続けなければならない」

　大学生は，入学から卒業までに，おおよそ130単位ぐらいの授業をとる．1科目2単位（語学等は1単位，卒論は4単位）で換算すると，およそ50科目程度の授業科目を履修することになる．これらの授業の中から，学生にとって最も関心・興味のある課題を発見して，その課題について勉強・研究をしなければならない．一つの課題を持つということが『アクティブラーニング』および人間的『ディープラーニング』への入口である．その課題は，専門教育科目の範囲に入っていなくてもよい．共通教育（教養）科目の中からでもよい．ただ，この課題については，誰にも負けないという程度までやらなければだめだ．選択した課題が，ゼミナールや卒論のきっかけとなるなら，それは最善の選択といえる．

　学生はさまざまな学部・学科に在籍しているので，在籍する学部・学科の立ち位置から選択した課題に取り組むことを勧める．そのような研究方法をとることによって，在籍する学部・学科固有の勉強方法を修得することもできる．結果的には，「一挙両得」の類である．

3．北原教授の『大学生倫理綱領2.0』

倫理綱領6：「大学生は『ゼミナール』を履修しなければならない」

　大学での授業のほとんどは大教室で行われる。100人から200人の学生が一つの教室で授業を受ける形である。300人以上の授業も珍しいことではない。しかも、教授から学生への片方向の講演会方式であることが多い。すなわち、「大人数」・「片方向」・「受動的」というようにまとめられる。ただ、卒業所用単位を埋めるためだけならこんな授業でいいのかも知れない。その大教室授業の真逆にあるのが『ゼミナール』授業である。すなわち、ゼミナール授業は「少人数」・「双方向」・「能動的」という特徴を持つ。したがって、ゼミナールでは「アクティブラーニング」という学習方法をとらざるを得ない。ゼミナールでは、「学生一人ひとりが課題を発見し、その解決方法を考え、そして、結論（答）を導き出す」ことから逃げ出すことができない。そのため、ゼミナールでは、勉強そのものが大変である。それだけに、「大学生」を自覚できる場でもある。真の「大学生」になろうとするならば、ゼミナールでしごかれるべきである。

　ちなみに、「『ゼ』ミナー『ル』」となるのは，ドイツ語の"Seminar"に由来する．ドイツ語では，"se"は「ゼ」と発音され，最後の"r"は有音になり「ル」と発音される．今時の学生が好んで英語を使うように，昔の学生はドイツ語を好んで使ったそうな．

倫理綱領7：「大学生は『卒業論文』を提出しなければならない」

　ゼミナールで勉強した成果が「卒業論文」という形で残る．卒業論文は，ほとんどの学生にとって，最初で最後の「大論文」であるはずだ．標題確定，章建て，目次作成，資料収集，文章推敲，印刷，製本，これらの作業すべてを学生ひとりでやらなければならない．最初から最後まで，「一人でやる」ことに，卒論作成の第一の意義がある．卒論の標題（テーマ）を選択するのも，もちろん，重要なことではあるが，学生自身が選択した「テーマ」について，どのような考えを持ち，その考えをどのように表現するか，最後に，どのような結論を導くか，この一連の思考過程の方がもっと重要なのである．一つの論文を仕上げる，ひとつの仕事をやりきる，その直後に味わう満足感・充実感は，何にもかえられない．これこそ，「アクティブラーニング」であり，真の「大学生」になった証でもある．

　卒業論文作成の一連の作業過程およびその中核となる一連の思考過程，この二つの過程において修得した経験知は，卒業後の社会人になった時に蘇るはずだ．どんな問題が目前に現れようと，問題の分析方法・解決方法・報告書作成方法はメモリとして保存されているので，それらを思い出し応用するだけでよいだろう．

3．大学社会倫理

倫理綱領8：「大学生は授業には『倫理的配慮』を持ってのぞまなければならない」

　ここでいう「倫理的配慮」とは，「人（ヒト）は社会においてはほかの人に迷惑をかけない」という簡単なことである．「倫理規範」とは，「社会においてしか生きていくことができない人と人との関わりを調整する原理」である．それを大学という社会ではどのようにとらえられるのか．多くの学生が自分勝手に大声で隣近所の学生たちと談笑すれば，それは雑音・騒音となり授業の進行を妨げることになる．その結果，教授の「教育する権利」を奪い，静かに授業を受けようとする学生たちの「教育を受ける権利」を奪うことになる，という重大な不法行為を行っていることを自覚すべきである．

倫理綱領9：「大学生は試験等で『不正行為』を行ってはならない」

　試験等において不正行為は絶対にあってはならない．定期試験での不正行為の発覚は，留年，そして，最悪の場合には，退学も覚悟しなければならない．いわゆる「カンニング」行為がこの不正行為の典型的なものである．また，「持込み可」として指定されたもの以外のものを試験場に携帯することも不正行為とみなされる．同じ内容の試験が2時間続く場合，前の時間で試験を受けた学生がその試験用紙を後の時間に受ける学生に手渡す．いくら「持込み可」といっても，そんなことは常識ではかんがえられない．両人とも不正行為のそしりを免れまい．いずれにしても，試験での不正行為は一人の学生の人生をも変えてしまうような重大なことなのである．たとえ，不正行為で合格点をとったとしても，その事実は本人に一生涯にわたってまとわりつき後悔することになるはずだ．

倫理綱領10：「大学生は『社会倫理』を遵守しなければならない」

　昔は「学生さん」と「さん」付けで呼ばれて，社会一般から尊敬されていた．大学1年生から選挙権も与えられた．大学生が交通事故や犯罪を犯すということはもってのほかだ．大学生は大学でいろいろなことを学んでいるので，いろいろな知識を持っていると社会から思われている．大学生は，社会のそういう思いに真摯に応える義務がある．大学生は社会における正義・不正義，公平・不公平，善悪についてよくわきまえていると思われている．携帯電話，自動車，スマートフォンの利用において，社会のマナーを率先して実践しなければならない．サイバー攻撃，コンピュータ犯罪に手を貸すなんてことは論外だ．

4. タブレット・コンピュータを使う

- 4．1　いろいろなタブレット・コンピュータ
- 4．2　スマートフォン・タブレット・パソコンの比較
- 4．3　インターネットに接続する
- 4．4　Wi-Fi（無線 LAN）接続
- 4．5　Google マップの情報を共有する
- 4．6　タブレットから自宅 PC を遠隔操作アプリ
- 4．7　タブレットで PC を操る
- 4．8　リモートコントロール接続
- 4．9　パートナー機
- 4．10　パートナー機の画面

4. タブレット・コンピュータを使う

4.1 いろいろなタブレット・コンピュータ

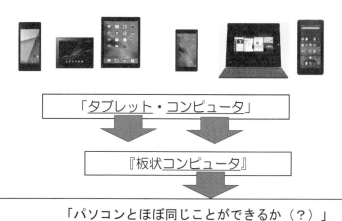

「タブレット・コンピュータ」
↓
『板状コンピュータ』
↓
「パソコンとほぼ同じことができるか（？）」

4.2 スマートフォン・タブレット・パソコンの比較

	スマートフォン	タブレット	パソコン
画面サイズ	～6 インチ	7 インチ～10 インチ	11 インチ以上
キーボード	×	△	○
拡張性	△	△	○
主なインターネット接続方法	携帯電話のネットワーク	携帯電話のネットワークまたはWi-Fi	Wi-Fi または有線

4．タブレット・コンピュータを使う

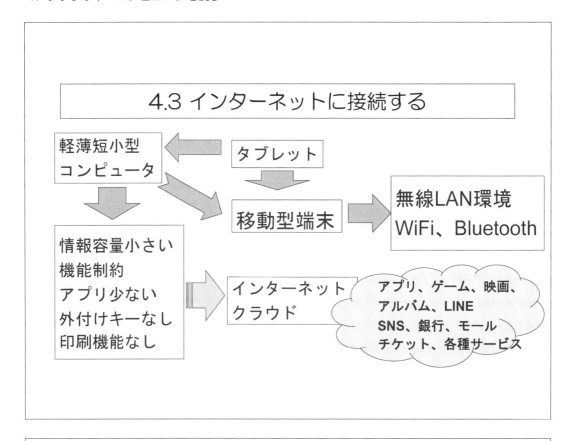

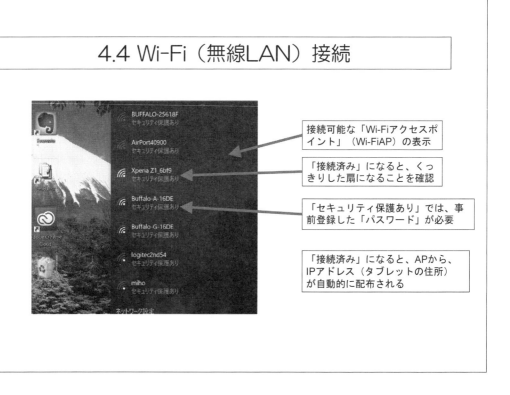

4．タブレット・コンピュータを使う

4．タブレット・コンピュータを使う

4.5 Google マップの情報を共有する

①一つの地点を指で「長押し」する。
②『共有』をクリックする。
③MetaMoji Noteに貼り付ける。
④Gmailで送信。

4.6 タブレットから自宅PCを遠隔操作アプリ

出先から会社や自宅のPCを遠隔操作できる「TeamViewer」（iOS／Androidともに無料）も、ビジネスでタブレットを活用するならダウンロードしておきたいアプリの1つ。アプリをインストールし、PCにTeamViewerのソフトをインストールする。次に、アプリを起動してIDとパスワードを入力するだけで遠隔操作が行える。ほかのリモートアプリに比べると接続方法が分かりやすいのが魅力だ。

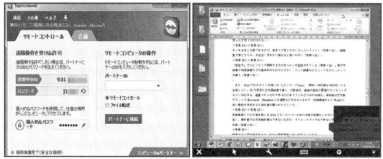

PCにソフトをインストールして起動する。タブレットに「使用中のID」と「パスワード」を入力すれば接続完了（写真=左）。接続が完了するとタブレットにPCのデスクトップが表示される（写真=右）

4．タブレット・コンピュータを使う

4. タブレット・コンピュータを使う

4.7 タブレットでPCを操る

- タブレット（2万円）でPC（10万円）をあやつることができる．
- 外出先（タブレット）から自宅の情報環境を利用することができる．
- PC搭載ソフトをタブレットでも利用できる．
- リモートで文書編集・ファイル転送等を実行できる．
- タブレットに複雑で重いアプリをインストールしなくてもよい．
- タブレットでもPC環境とほぼ同じ仕事（勉強）ができる．
- Android, iOS, Windows オペレーティングシステムに対応する．
- 自分のモバイルデバイスから他のモバイルデバイスをリモート制御できる．
- リモートでコンピュータやモバイル機のトラブルシューティングができる．

4.8 リモートコントロール接続

4．タブレット・コンピュータを使う

4. タブレット・コンピュータを使う

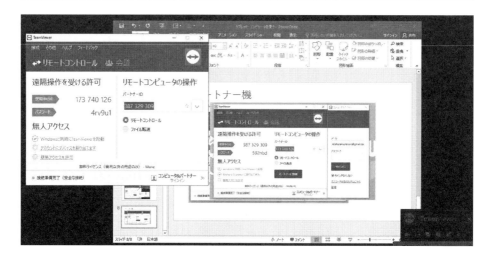

4．タブレット・コンピュータを使う

5. 情報の収集と整理と整頓

5.1　情報の達人になるためには

5.2　『Evernote』―情報収集・整理ツール

5.3　『Evernote』無料アカウント登録

5.4　Evernote―サインイン画面

5.5　Evernote―「新規ノート」を開く

5.6　Evernote―「新規ノートに貼り付ける」

5.7　情報の発見・範囲指定・コピー

5.8　新規ノートを開いて貼り付ける

5.9　新規ノートに貼り付けた

5.10　自分だけの『Evernote』に作り変える

5.11　『Evernote』のヴァージョンアップの知らせ

5.12　『Evernote』のアップデート

5. 情報の収集と整理と整頓

5.1 情報の達人になるためには

- ☐ 「『情報と社会』について書いてください。」という課題を出す。
- ☐ でも、何も書けない。
- ☐ なぜ書けないのか。
- ☐ 書くだけの情報や知識を持っていないからである。
- ☐ そのことに気がつく学生はまだましな方である。
- ☐ それでは、どうするか。
- ☐ そこで、まず、やるべきことは、「情報の収集」である。
- ☐ 「見つけた」と思った情報を、すぐに本文に取り込んでしまう。
- ☐ その情報は直ちに消去されてしまう。後で見直すことはできない。
- ☐ 他にもっと適切な情報があったのではないか。
- ☐ 情報の収集や整理に役立つツールを紹介する。
- ☐ それは**「Evernote」**である。
- ☐ 大学生は「情報の収集・整理の達人」である。

5.2 『Evernote』 — 情報収集・整理ツール

5．情報の収集と整理と整頓

5. 情報の収集と整理と整頓

5.3 『Evernote』無料アカウント登録

5.4 Evernote ― サインイン画面

5. 情報の収集と整理と整頓

5．情報の収集と整理と整頓

5．情報の収集と整理と整頓

5．情報の収集と整理と整頓

5.7 情報の発見・範囲指定・コピー

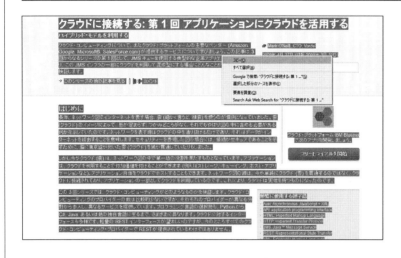

5.8 新規ノートを開いて貼り付ける

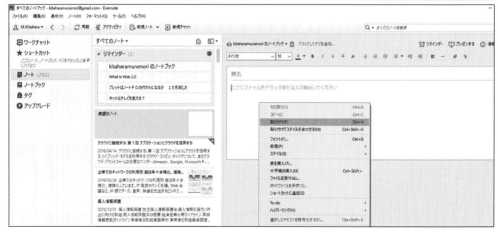

5．情報の収集と整理と整頓

5. 情報の収集と整理と整頓

5.9 新規ノートに貼り付けた

5.10 自分だけの『Evernote』に作り変える

『すべてを記憶する』

Evernoteはすべてを記憶するための簡単で強力なツール。思い出や重要な情報の共有、毎日のリマインダーやToDoリストの作成も。Evernoteアカウントに保存したすべての情報は、全デバイスに自動同期されるため、Evernoteをインストールしてあればスマートフォンやタブレット、コンピュータやWebなど、どこからでもノートの記録や閲覧、検索や編集ができる。

『Evernoteをすべての端末にインストール』　すべての端末で同じユーザ名とパスワードでEvernoteにログインすれば、どの端末またはWebブラウザからでもノートを作成して表示できるようになります。

『Evernote Web クリッパーをダウンロード』　Webクリッパーを使用すると、ニュース、メモ、資料など、Webサイトやメールに表示されているあらゆるコンテンツをEvernoteに保存できます。Webクリッパーでコンテンツを保存すると、そのコンテンツと関連性があるノートのリストが表示されます。

5．情報の収集と整理と整頓

5．情報の収集と整理と整頓

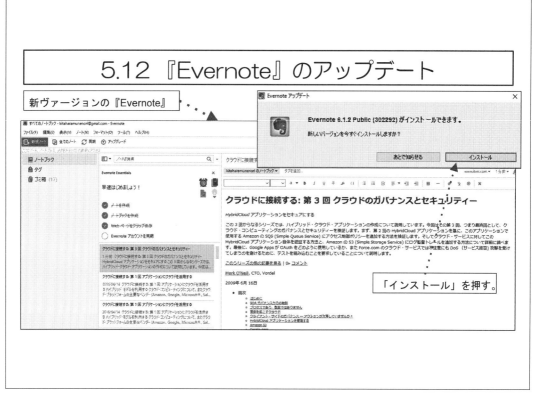

5．情報の収集と整理と整頓

6.『ネットワークコラボレーションツール』

1. 『ネットワークコラボレーションツール』の利用
2. Google アカウントの作成（その1）
3. Google アカウントの作成（その2）
4. Google アカウントの作成（その3）
5. Google チームのあいさつ（無視してよい）
6. Google ドライブの概要
7. Google ドライブのダウンロード
8. 自由に選べる使い方―ドライブ機能
9. ドライブ使用への準備
10. Mozilla Firefox → Gmail → Google Drive への移行
11. Gmail 受信画面から「ドライブ」へ移行
12. ドライブ一覧―ギャラリー表示
13. ドライブ一覧―リスト表示
14. 文章・論文・リポート作成―Google ドキュメント
15. Google ドキュメント―新規作成
16. Google ドキュメント―新規ドキュメント
17. Google ドキュメント―コピー＆ペースト
18. ドキュメントの共同編集
19. ドキュメントの共同編集結果
20. Wiki サイトの Google サイトの作成
21. Google サイトの作成
22. 完成した Google サイト
23. Google サイトの操作
24. Google サイトの「挿入」操作
25. ドライブにあるプレゼンファイルの挿入
26. サイトからプレゼンテーションを開始する

6.『ネットワークコラボレーションツール』

1.『ネットワークコラボレーションツール』の利用

「ネットワークコラボレーションツール」

- ネットワークコラボレーションツールを使用すると、場所や時間帯に制約されずに、効率的かつ生産的に協働作業（コラボレーション）を進めることが可能になる。
- 情報共有（情報公開）が参加者全員の「IQ」を高めることになる。
- コラボレーションツールのタイプとしては、ドキュメントの共有、Web会議、およびWikiがあります。
- コラボレーションツールとして『Googleドライブ』を使用する。
- Wikiサイトとして『Googleサイト』を使用する。
- これらのツール使用に、Gmailアカウント（メール使用登録）を作成する。

2. Googleアカウントの作成（その１）

6.『ネットワークコラボレーションツール』

6.『ネットワークコラボレーションツール』

3. Googleアカウントの作成（その2）

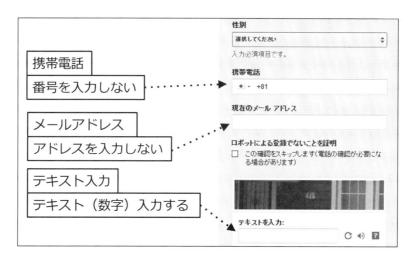

4. Googleアカウントの作成（その3）

6.『ネットワークコラボレーションツール』

6.『ネットワークコラボレーションツール』

5. Googleチームのあいさつ（無視してよい）

6. Googleドライブの概要

6.『ネットワークコラボレーションツール』

6.『ネットワークコラボレーションツール』

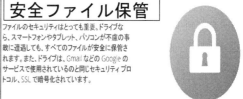

6.『ネットワークコラボレーションツール』

6.『ネットワークコラボレーションツール』

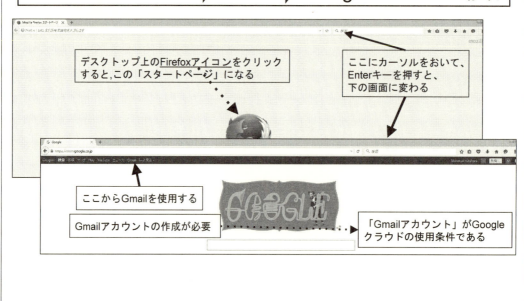

6.『ネットワークコラボレーションツール』

6.『ネットワークコラボレーションツール』

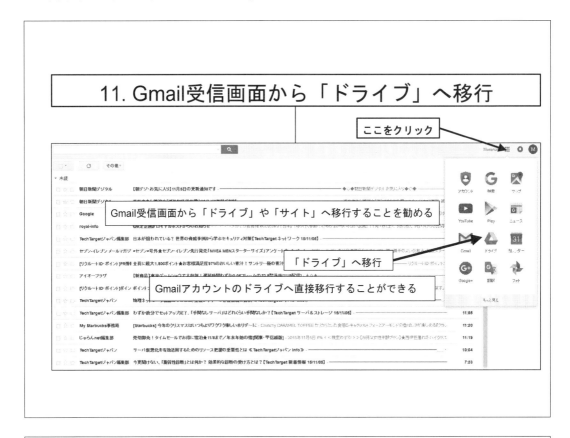

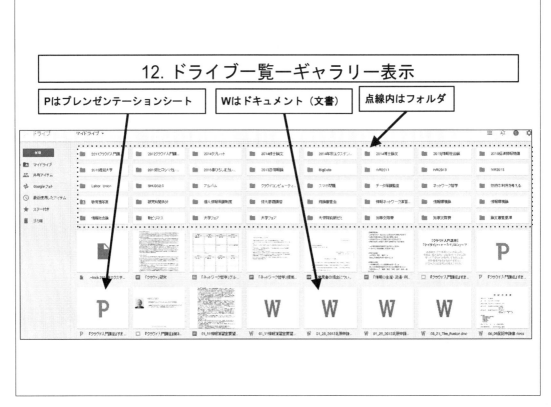

6.『ネットワークコラボレーションツール』

6.『ネットワークコラボレーションツール』

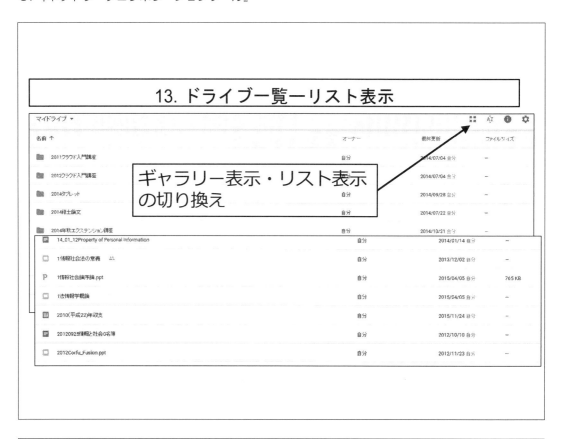

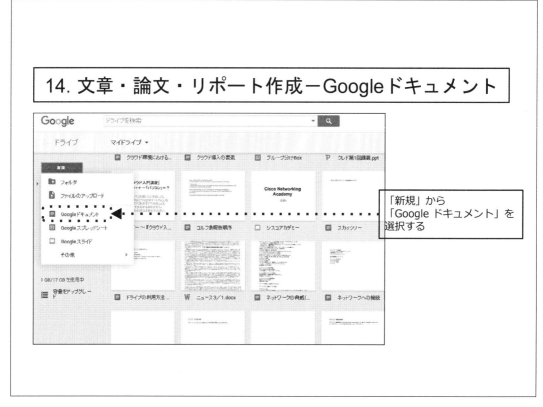

6.『ネットワークコラボレーションツール』

6.『ネットワークコラボレーションツール』

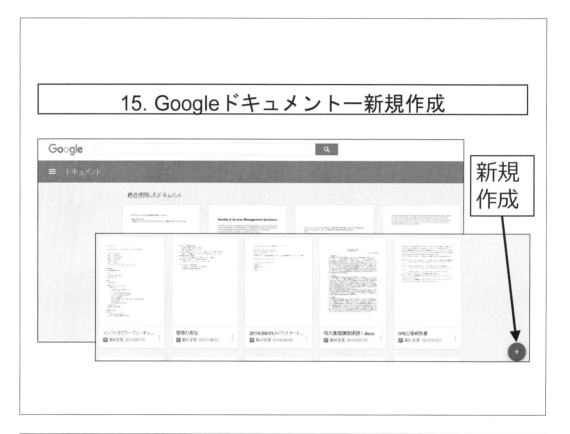

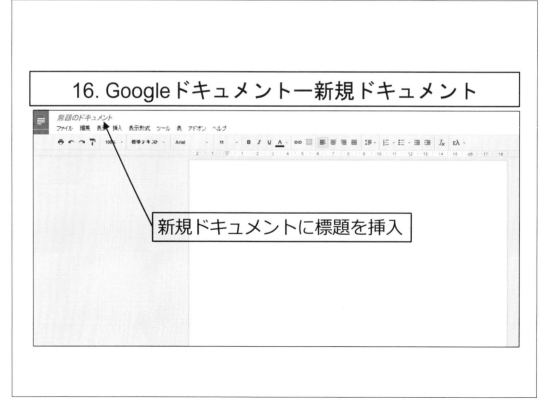

6.『ネットワークコラボレーションツール』

6.『ネットワークコラボレーションツール』

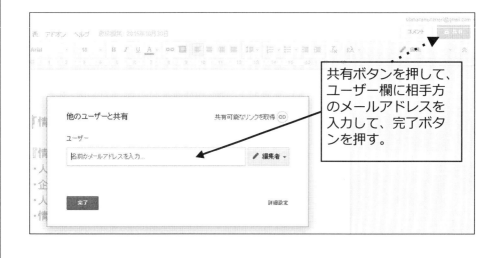

6.『ネットワークコラボレーションツール』

6.『ネットワークコラボレーションツール』

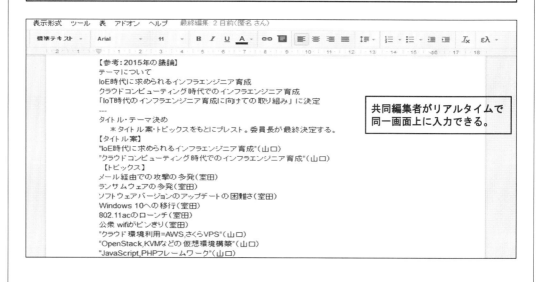

6.『ネットワークコラボレーションツール』

6.『ネットワークコラボレーションツール』

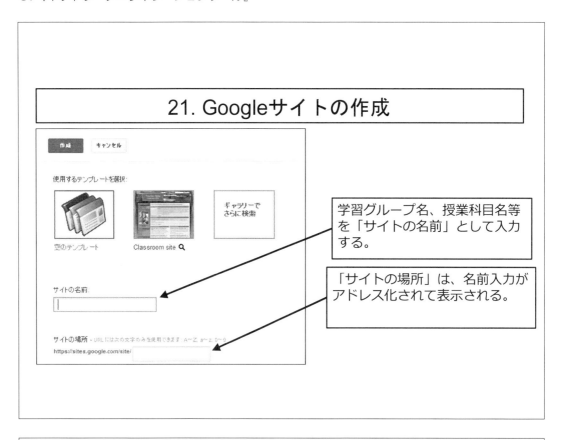

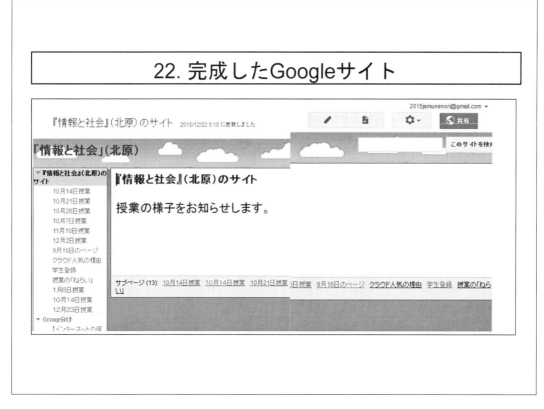

6.『ネットワークコラボレーションツール』

6.『ネットワークコラボレーションツール』

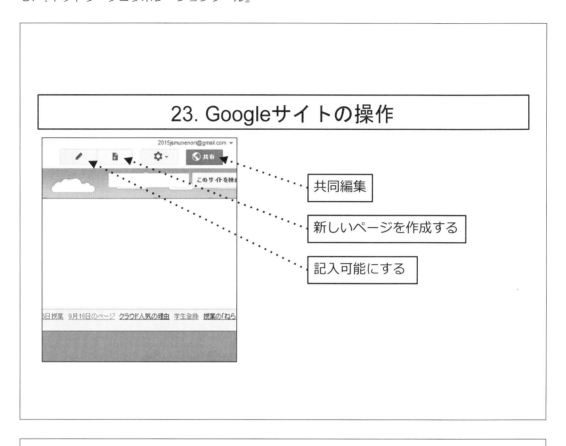

6.『ネットワークコラボレーションツール』

6.『ネットワークコラボレーションツール』

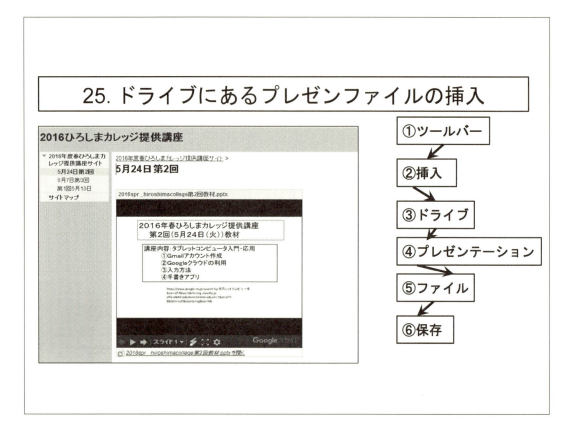

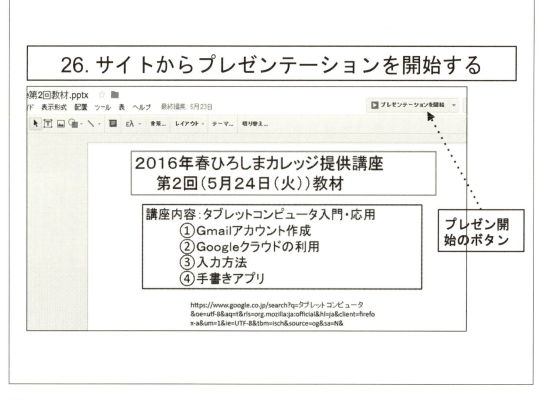

6.『ネットワークコラボレーションツール』

7. TEX の利用

7．1　エディタ

7．2　コンパイル

7．3　DVIOUT 出力

7．4　プレビュー

7．5　アルバイトについて

　　　ルイ・ヴィトン

　　　バイト

　　　インフォメーション・ソサイアティ

　　　トップ・オブ・シュウドウ

7．6　「『未来』において『過去』を変える」

7. TEXの利用

7.1 エディタ

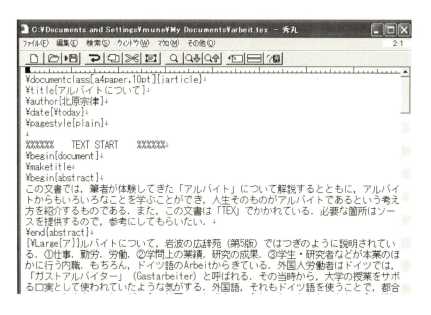

7.2 コンパイル

platex で arbeit.tex をコンパイルする

7. TEXの利用

7. TEXの利用

7.3 DVIOUT出力

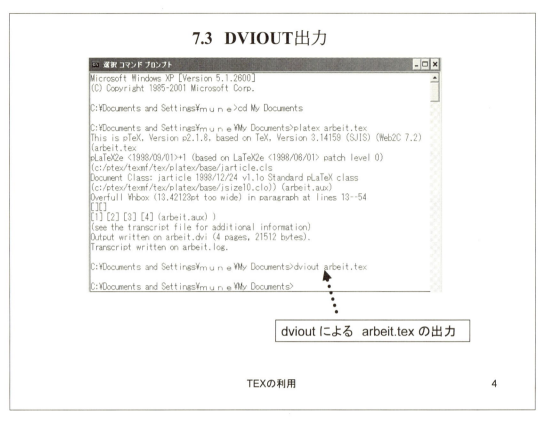

dviout による arbeit.tex の出力

7.4 プレビュー

7. TEX の利用

7. TEXの利用

アルバイトについて

北原宗律

平成20年3月18日

概 要

　この文書では，筆者が体験してきた「アルバイト」について解説するとともに，アルバイトからもいろいろなことを学ぶことができ，人生そのものがアルバイトであるという考え方を紹介するものである．また，この文書は「TEX」でかかれている．必要な箇所はソースを提供するので，参考にしてもらいたい．

アルバイトについて，岩波の広辞苑（第5版）ではつぎのように説明されている．①仕事．勤労．労働．②学問上の業績．研究の成果．③学生・研究者などが本業のほかに行う内職．もちろん，ドイツ語のArbeitからきている．外国人労働者はドイツでは，「ガストアルバイター」（Gastarbeiter）と呼ばれる．その当時から，大学の授業をサボる口実として使われていたような気がする．外国語，それもドイツ語を使うことで，都合の悪いことを表現したのだろう．外国語の知識をひけらかしたこともあったと思う．

　経験したアルバイトの種類について，修道大学の教員の中でもトップクラスに入るような気がする．ここでいうアルバイトは③の内職に入る．最近では，フリー・アルバイター（広辞苑では第四版から出てくる），すなわち，フリーターという和製独語か和製英語かわからないような表現が使われているが．学生たちから受けた感じでは，どうも卒業後,「本職」に内定がもらえなくて，本職につくまでの間の収入を獲得する方法のことを指しているように思われる．その内定を貰えずに，ちょっと自嘲気味に「しばらくフリーターで行きます」というのを聞くのはこちらとしても，つらいところがある．

　アルバイトをやっている学生とよく話をすることがある．ほとんどの学生が何がしかのバイトを経験しているような気がする．いや，ほとんどの学生はアルバイト継続中であると思う．しかし,「バイトをしているから」とか「バイトが忙しくて」ということを，ゼミを休む，留年，卒延の理由にしてもらいたくない．私も大学4年間バイトをして学費・生活費を獲得していた．昼間は大学にいるので，夜・夜中のバイトであった．毎日・毎晩やっていた．下宿に帰るのは土曜日の仕事明けか休講の時だけであった．しかし，定期試験前の1カ月間は休むことにしていた．

　大学の勉強に身が入らないときは，バイトに精をだした．肉体的には疲れるが，精神的には充実感を覚える．そこで，自分の「本業は？」と考える．ア

7. TEX の利用

7. TEX の利用

ルバイトをするために大学に入ったのではない．そうすると，勉強の方へ向かいたくなる．

ここ数年来，「インターンシップ」(internship) と称して学生たちが企業等で職場体験をする．高校生はもちろんのこと，中学生までも，地域によっては小学生までも参加している．児童，生徒たちは２，３日のまさに「職場体験」の意味合いしかないのだが．大学生の場合は，単位はもらえるが，お金がもらえない．そこで，通常のアルバイトについても，単位を授与するシステムが考えられないだろうか．アルバイトで単位もお金ももらえる．これは学生にとってはいいことではないだろうか．

数年前に，いわば「コンピュータ家庭教師」なるものを提案したことがある．コンピュータ，ネットワークに強い学生達を広島市内の高齢者宅に派遣して，高齢者にコンピュータの操作方法，ホームページの作り方，インターネットの利用方法などを教える，というものである．1回で3,000円程度が学生に支払われるのである．だが，問題が起こったらどうする，ということで，握りつぶされてしまった．大学で修得した知識・技術を実践し，"Teaching is Learning"を実践してもらいたかったんだが．アルバイトといっても，そこである程度の金銭を得るだけではない．その気になればいろいろなことを学ぶことができる．

アルバイトしていて，それが本格的な就職活動に不利に働くということは，まずないであろう．むしろ，内定先を探す際の一つの目安を提供してくれるような気がする．アルバイト先が就職先であったゼミ生も少なくはない．こういう職場環境なら，こういう上司での下ならという積極的な評価をする場合もあるし，その反対の評価で，別の業種や系列会社を探していいだろう．いずれにしても，就職となれば，一つ覚悟をしなければならないことがある．わが修道大学は入学時の偏差値が50程度である．就職戦線には，偏差値60，70であった学生達と戦わなければならない．大学の4年間，実質2年半で就職戦線に出て行ったとすると，偏差値50のままでは，負けるに決まっている．もちろん，就職では，別の基準がある．その基準をクリアできるように頑張ってもらわなければならない．ゼミの学生で，就職活動のため東京で2月，3月の2ヶ月間生活し，見事，内定をもらって帰広した学生もいる．

私の大学時代は時給が８０円，私立大学の授業料が年間１４万円であった．現在と比較すれば，時給が10倍，授業料は8倍となっている．このくらいならば，今でも，アルバイトで授業料を稼ぎ出すことはできるのではないだろうか．自分が働いて授業料を払っているということであれば，もっと大学を利用する，すなわち勉強するという意識が強くなるのではないだろうか．

ルイ・ヴィトン，ブランド品の代名詞といっていいだろう．余裕があれば，欲しいものもある．どちらかといえば，嫌いなものの方が多い．他の日本人が好きなものに私の嫌いなものが多いといった方が適切であろう．ブランド品，すなわち「一級品」として生き残っている理由が必ずあるはずだ．それ

7. TEX の利用

7. TEXの利用

を理解せずに持っているのであれば，それは一級品に失礼だ．持つ資格はない．アルバイトで得たお金で，一つはブランド品を持つべきだ．そして，一級品たる神髄を知るべきである．もし，レストランや飲食店でアルバイトをしているならば，その間に，日本一（あるいは「広島一」）といわれるレストランで食事をすることを勧める．一級品たるレストランの神髄を知るためである．

アルバイトをしていたレストランの社長から教えられた言葉がある．「残心」という武士道で使われるものである．注文を受けた後，料理のサーブを終えた後に，テーブルを見て，やり残したことはないか，必ず確認することを忘れるなということである．それから，トイレの掃除は雑巾と素手でやるように教えられた．もちろん，トイレット・ペーパの端を三角に折り曲げることも．

バイト，キロバイト，メガバイト，テラバイトというようにコンピュータが扱う情報量が格段に増えている．パソコンにおいても，あまり必要もないのに，多くのかつ大きなソフトウェアがプリインストールされている．メモリの大きさ，処理速度，ハードディスクの大きさがセールスポイントになっている．果たして，４０ＧＢ，５０ＧＢのＨＤをいっぱいにするほど情報を蓄えることができるのか．地上波のデジタル時代になって，画像コンテンツが豊富になれば，それらをダウンロードするのに必要になるかもしれない．

最近では，自宅のパソコンにもアルバイトをさせることが可能のようだ．インターネットに接続している家庭のパソコン数十万台にある計算をしてもらう．いわゆるグリッドコンピューティングである．ＣＰＵが使用されていないのを見計らって計算式を送り込む．数秒で済んでしまう．１台に使用料3,000円を払っても，スーパーコンピュータを利用するよりは安上がりというわけだ．自宅のパソコンは24時間接続していなければならないし，それだけウイルスの攻撃を受けやすいというリスクを覚悟できればの話だが．大学でも，新入生がパソコンを持たされている．４年経てば，それが，６０００台になる．全部つなげて，大学グリッドコンピューティングはできないものか．学生のパソコンにアルバイトをさせて，パソコン代を安くすることも考えられる．

インフォメーション・ソサイアティ．情報社会のことである．こうして，修道大学で授業を持てるようになったのも，情報社会のおかげであり，アルバイトでコンピュータを教えていたおかげである．人生，何が幸いするかわからない．

大学の授業で「法情報論」というものがある．「法」＋「情報学」ということであるが，「法」については，法学部法律学科で正規に学んだつもりである．だが，「情報学」については，工学部情報学科で学んだことはなく，自分で，まさにアルバイト（大学の場合は「非常勤講師」と呼ばれる）で，教えながら学んだものである．

7. TEXの利用

7. TEX の利用

「学ぶ」ということであれば，ネットワーク技術者養成のための授業を開講すると言うことで，そのインストラクター資格をとるための授業を受けた．ちゃんと試験があり，見事，合格した．

今でも，③のアルバイトとして，市内の大学に行ったり，国土交通省関係，あるいは環境省関係の仕事ため東京に行ったりしている．一生，アルバイトとは縁が切れないような気がする．

トップ・オブ・シュウドウ　修道大学の教員は，誰一人として，同じ科目を持っていない．そういう意味では，すべての教員が，その分野では，トップ・オブ・シュウドウなのである．そのようになることを学生にも要求したい．まず，他の学生がやっていないことを探し出して，それをやれば，第一人者にはなれる．しかし，これを，探し出すことが「ガンツ」(ganz(=quietly))難しい．まずは，ａｌｐｈａのホームページから探すのもよいだろう．他の学生と同じことをやっているのであれば，どうやって差別化を図るかだ．自分こそ第一人者だということを証明しなければならない．

学生全員が「ストュフェッサー」を目指してもらいたい．「ストューデント・プロフェッサー」を短くした表現である．つまり，「Stufessor」[1]である．あるテーマの第一人者であれば，身分が学生であっても，他の学生に教えることができるということである．私が「トップ・オブ・シュウドウ」と考えているもう一つのことは，日本の「個人データ保管制度」創設を提案していることである．修道大どころか，日本の誰もまだ言っていない．一つのモデルはドイツにあると思っている．２００６年はドイツにいるはずである．いやいや，ワールドカップなんか見るつもりはないよ（？）．アルバイトが忙しくて．

略歴	アルバイト歴
小学校	箱打ち，スルメ伸ばし，昆布干し
中学校	ヤクルト配達，新聞配達，鰊・秋刀魚水揚げ，蟹甲羅剥ぎ
高等学校	米・酒販売店（バイク配達），秋刀魚漁
予備校	ビル清掃，ガソリンスタンド，地下鉄工事，図面複写
大学	レストラン，喫茶店，空港コーヒーショップ，貨物駅荷物仕分け
大学院	家庭教師，塾経営，学習塾講師，翻訳
研究生	交通事故判例分析，大学非常勤講師，大学校講師，海外調査
修道大学	非常勤講師，研究委員，公民館講師，海外調査

---

[1] Prosumer，プロシューマーという言葉がある．Productor(生産者)とcomsumer（消費者）が一つなった言葉で，両方の役割を担う21世紀型の新しい消費者の姿を表している．それと同じ考え方で，Professor（教授）とStudent（学生）が一つになった言葉で，やはり両者の役割を担う新しい学生像である．

7. TEXの利用

7. TEX の利用

Page 1

```
 1 ¥documentclass[a4paper,10pt]{jarticle}
 2 ¥title{アルバイトについて}
 3 ¥author{北原宗律}
 4 ¥date{¥today}
 5 ¥pagestyle{plain}
 6
 7 %%%%%%    TEXT START    %%%%%%
 8 ¥begin{document}
 9 ¥maketitle
10 ¥begin{abstract}
11 この文書では,筆者が体験してきた「アルバイト」について解説するとともに,アル
11 バイトからもいろいろなことを学ぶことができ,人生そのものがアルバイトであると
11 いう考え方を紹介するものである.また,この文書は「TEX」でかかれている.必
11 要な箇所はソースを提供するので,参考にしてもらいたい.
12 ¥end{abstract}
13 {¥Large[ア]}ルバイトについて,岩波の広辞苑(第5版)ではつぎのように説明され
13 ている.①仕事.勤労.労働.②学問上の業績.研究の成果.③学生・研究者な
13 どが本業のほかに行う内職.もちろん,ドイツ語のArbeitからきている.外国人労
13 働者はドイツでは,「ガストアルバイター」(Gastarbeiter)と呼ばれる.その当時か
13 ら,大学の授業をサボる口実として使われていたような気がする.外国語,それも
13 ドイツ語を使うことで,都合の悪いことを表現したのだろう.外国語の知識をひけ
13 らかしたこともあったと思う.¥¥
14 　経験したアルバイトの種類について,修道大学の教員の中でもトップクラスに入
14 るような気がする.ここでいうアルバイトは③の内職に入る.最近では,フリー・ア
14 ルバイター(広辞苑では第四版から出てくる),すなわち,フリーターという和製独
14 語か和製英語かわからないが.学生たちから受けた
14 感じでは,どうも卒業後,「本職」に内定がもらえなくて,本職につくまでの間の収
14 入を獲得する方法のことを指しているように思われる.その内定を貰えずに,ちょ
14 っと自嘲気味に「しばらくフリーターで行きます」というのを聞くのはこちらとしても
14 ,つらいところがある.¥¥
15 　アルバイトをやっている学生とよく話をすることがある.ほとんどの学生が何が
15 しかのバイトを経験しているような気がする.いや,ほとんどの学生はアルバイト
15 継続中であると思う.しかし,「バイトをしているから」とか「バイトが忙しくて」という
15 なことを,ゼミを休む,留年,卒延の理由にしてもらいたくない.私も大学4年間バ
15 イトをして学費・生活費を獲得していた.昼間は大学にいるので,夜・夜中のバイ
15 トであった.毎日・毎晩やっていた.下宿に帰るのは土曜日の仕事明けか休講の
15 時だけであった.しかし,定期試験前の1カ月間は休むことにしていた.¥¥
16 　大学の勉強に身が入らないときは,バイトに精をだした.肉体的には疲れるが,
16 精神的には充実感を覚える.そこで,自分の「本業は?」と考える.アルバイトを
16 するために大学に入ったのではない.そうすると,勉強の方へ向かいたくなる.¥
16 ¥
17 ここ数年来,「インターンシップ」(internship)と称して学生たちが企業等で職場体
17 験をする.高校生はもちろんのこと,中学生までも,地域によっては小学生までも
17 参加している.児童,生徒たちは2,3日のまさに「職場体験」の意味合いしかな
17 いのだが.大学生の場合は,単位はもらえるが,お金がもらえない.そこで,通常
17 のアルバイトについても,単位を授与するシステムが考えられないだろうか.アル
17 バイトで単位もお金ももらえる.これは学生にとってはいいことではないだろうか.
17 ¥¥
18 　数年前に,いわば「コンピュータ家庭教師」なるものを提案したことがある.コン
18 ピュータ,ネットワークに強い学生達を広島市内の高齢者宅に派遣して,高齢者
18 にコンピュータの操作方法,ホームページの作り方,インターネットの利用方法な
18 どを教える,というものである.1回で3,000円程度が学生に支払われるのである
18 .だが,問題が起こったらどうする,ということで,握りつぶされてしまった.大学で
18 修得した知識・技術を実践し,"Teaching is Learning"を実践してもらいたかった
18 んだが.アルバイトといっても,そこである程度の金銭を得るだけではない.その
18 気になればいろいろなことを学ぶことができる.¥¥
19 　アルバイトしていて,それが本格的な就職活動に不利に働くということは,まず
19 ないであろう.むしろ,内定先を探す際の一つの目安を提供してくれるような気が
19 する.アルバイト先が就職先であったゼミ生も少なくはない.こういう職場環境な
19 ら,こういう上司での下ならという積極的な評価をする場合もあるし,その反対の
19 評価で,別の業種や系列会社を探していいだろう.いずれにしても,就職となれ
19 ば,一つ覚悟をしなければならないことがある.わが修道大学は入学時の偏差値
19 が50程度である.就職戦線には,偏差値60,70であった学生達と戦わなければ
19 ならない.大学の4年間,実質2年半で就職戦線に出て行ったとすると,偏差値5
19 0のままでは,負けるに決まっている.もちろん,就職では,別の基準がある.そ
```

94

7．TEX の利用

7. TEX の利用

Page 2

19 の基準をクリアできるように頑張ってもらわければならない．ゼミの学生で，就職
19 活動のため東京で2月，3月の2ヶ月間生活し，見事，内定をもらって帰広した学
19 生もいる．\\

20 　私の大学時代は時給が80円，私立大学の授業料が年間14万円であった．現
20 在と比較すれば，時給は10倍，授業料は8倍となっている．このくらいならば，今
20 でも，アルバイトで授業料を稼ぎ出すことはできるのではないだろうか．自分が働
20 いて授業料を払っているということであれば，もっと大学を利用する，すなわち勉
20 強するという意識が強くなるのではないだろうか．\\

21 {\Large{ル}}イ・ヴィトン，ブランド品の代名詞といっていいだろう．余裕があれば，
21 欲しいものもある．どちらかといえば，嫌いなものの方が多い．他の日本人が好き
21 なものに私の嫌いなものが多いといった方が適切であろう．ブランド品，すなわち
21 「一級品」として生き残っている理由が必ずあるはずだ．それを理解せずに持って
21 いるのであれば，それは一級品に失礼だ．持つ資格はない．

22 アルバイトで得たお金で，一つはブランド品を持つべきだ．そして，一級品たる神
22 髄を知るべきである．もし，レストランや飲食店でアルバイトをしているならば，そ
22 の間に，日本一（あるいは「広島一」）といわれるレストランで食事をすることを勧
22 める．一級品たるレストランの神髄を知るためである．\\

23 　アルバイトをしていたレストランの社長から教えられた言葉がある．「残心」とい
23 う武士道で使われるものである．注文を受けた後，料理のサーブを終えた後に，
23 テーブルを見て，やり残したことはないか，必ず確認することを忘れるなということ
23 である．それから，トイレの掃除は雑巾でやり素手でやるように教えられた．もちろん，
23 トイレット・ペーパの端を三角に折り曲げることも．\\

24 {\Large{バ}}イト，キロバイト，メガバイト，テラバイトというようにコンピュータが扱う
24 情報量が格段に増えている．パソコンにおいても，あまり必要もないのに，多くの
24 かつ大きなソフトウェアがプリインストールされている．メモリの大きさ，処理速度
24 ，ハードディスクの大きさがセールスポイントになっている．果たして，40GB，50
24 GBのHDをいっぱいにするほど情報を蓄えることができるのか．地上波のデジタ
24 ル時代になって，画像コンテンツが豊富になれば，それらをダウンロードするのに
24 必要になるかもしれない．\\

25 　最近では，自宅のパソコンにもアルバイトをさせることが可能のようだ．インター
25 ネットに接続している家庭のパソコン数十万台にある計算をしてもらう，いわゆる
25 グリッドコンピューティングである．CPUが使用されていないのを見計らって計算
25 式を送り込む．数秒で済んでしまう．1台に使用料3,000円を払っても，スーパーコ
25 ンピュータを利用するよりは安上がりというわけだ．自宅のパソコンは24時間接
25 続していなければならないし，それだけウイルスの攻撃を受けやすいというリスク
25 を覚悟できればの話だが．大学でも，新入生がパソコンを持たされている．4年経
25 てば，それが，6000台になる．全部つなげて，大学グリッドコンピューティングは
25 できないものか．学生のパソコンにアルバイトをさせて，パソコン代を安くすること
25 も考えられる．\\

26 {\Large{イ}}ンフォメーション・ソサイアティ．情報社会のことである．こうして，修道
26 大学で授業を持てるようになったのも，情報社会のおかげであり，アルバイトで
26 ンピュータを教えていたおかげである．人生，何が幸いするかわからない．\\

27 大学の授業で「法情報論」というものがある．「法」+「情報学」ということであるが
27 「法」については，法学部法律学科で正規に学んだつもりである．だが，「情報
27 学」については，工学部情報学科で学んだことはなく，自分で，まさにアルバイト（
27 大学の場合は「非常勤講師」と呼ばれる）で，教えながら学んだものである．\\

28 「学ぶ」ということであれば，ネットワーク技術者養成のための授業を開講すると
28 言うことで，そのインストラクター資格をとるための授業を受けた．ちゃんと試験が
28 あり，見事，合格した．\\

29 今でも，③のアルバイトとして，市内の大学に行ったり，国土交通省関係，あるい
29 は環境省関係の仕事ため東京に行ったりしている．一生，アルバイトとは縁が切
29 れないような気がする．\\

30 {\Large{ト}}ップ・オブ・シュウドウ　修道大学の教員は，誰一人として，同じ科目を
30 持っていない．そういう意味では，すべての教員が，その分野では，トップ・オブ・
30 シュウドウなのである．そのようになることを学生にも要求したい．まず，他の学
30 生がやっていないことを探し出して，それをやれば，第一人者にはなれる．しかし
30 ，これを，探し出すことが「ガンツ」(ganz(=quietly))難しい．まずは，alphaのホー
30 ムページから探すのもよいだろう．他の学生と同じことをやっているのであれば，
30 どうやって差別化を図るかだ．自分こそ第一人者だということを証明しなければな
30 らない．\\

31 学生全員が「ストュフェッサー」を目指してもらいたい．「ストューデント・プロフェッ
31 サー」を短くした表現である．つまり，「Stufessor」\footnote{Prosumer，プロシュー
31 マーという言葉がある．Productor(生産者)とcomsumer(消費者)が一つなった言
31 葉で，両方の役割を担う21世紀型の新しい消費者の姿を表している．それと同じ
31 考え方で，Professor(教授)とStudent(学生)が一つになった言葉で，やはり両者

7. TEX の利用

7. TEX の利用

Page 3

```
31 の役割を担う新しい学生像である。}である．あるテーマの第一人者であれば，身
31 分が学生であっても，他の学生に教えることができるということである．
32 私が「トップ・オブ・シュウドウ」と考えているもう一つのことは，日本の「個人データ
32 保管制度」創設を提案していることである．修道大どころか，日本の誰もまだ言っ
32 ていない．一つのモデルはドイツにあると思っている．2006年はドイツにいるは
32 ずである．いやいや，ワールドカップなんか見るつもりはないよ（？）．アルバイト
32 が忙しくて．¥¥¥¥
33 ¥begin{tabular}{|c||c|}
34 ¥hline
35 ¥textbf{略歴}   & ¥textbf{アルバイト歴}¥¥
36 ¥hline
37 ¥textbf{小学校} & 箱打ち，スルメ伸ばし，昆布干し¥¥
38 ¥hline
39 ¥textbf{中学校} & ヤクルト配達，新聞配達，鰊・秋刀魚水揚げ，蟹甲羅剥ぎ¥¥
40 ¥hline
41 ¥textbf{高等学校} & 米・酒販売店（バイク配達），秋刀魚漁¥¥
42 ¥hline
43 ¥textbf{予備校} & ビル清掃，ガソリンスタンド，地下鉄工事，図面複写¥¥
44 ¥hline
45 ¥textbf{大学}&レストラン，喫茶店，空港コーヒーショップ，貨物駅荷物仕分け¥¥
46 ¥hline
47 ¥textbf{大学院}&家庭教師，塾経営，学習塾講師，翻訳¥¥
48 ¥hline
49 ¥textbf{研究生}&交通事故判例分析，大学非常勤講師，大学校講師，海外調査¥
49 ¥
50 ¥hline
51 ¥textbf{修道大学}&非常勤講師，研究委員，公民館講師，海外調査¥¥
52 ¥hline
53 ¥end{tabular}
54
55
56
57 ¥end{document}
```

7. TEXの利用

7. TEX の利用

「『未来』において『過去』を変える」

北原宗律

平成 20 年 3 月 25 日

概　要

　これは、なぜ、現在の大学において勉強をしなければならないのかを説いた文章である。人間、どこかで死に者狂いで頑張らなければならないときがある。それは、未来において過去を変えたいと思うときである。この文書は、「TEX」で書かれている。必要な箇所はソースを提供しているので、参考にしてもらいたい。

　どう考えても、これは物理的にも理論的にも無理な話である、と多くの人々は思っている。過ぎ去った時間をどうやって変えることができるのか。ドラえもんがいるわけでもない。タイムトンネルがあるわけでもない。

　標記命題を説明する前に、もうひとつ、「人生、第二、第三志望主義」について説明しておかなければならない。人間は、生涯、人生の岐路において、常に第一志望を全うしてきたという人は、むしろ少数派であろう。第二志望、第三志望を選択しなければならなかった人の方が圧倒的に多いような気がする。

大学受験時に、第一志望○○大学、第二志望△△大学、第三志望□□大学と書いたはずだ。第一志望の大学に入学できた人と第二、第三志望の大学に入学できた人との割合はどうであろうか。第一志望の大学において、不合格になった受験生の数は合格者数の数倍、数十倍になっているのが通常である。不合格となった受験生の方が圧倒的に多いのである。したがって、第一志望の大学を不合格となった受験生は、第二、第三志望の大学に流れることになる。会社の就職試験においても同様である。第二、第三志望の大学（会社）で、それまで歩んできたと同じ生活を継続すれば、第二、第三志望は、そのまま第二、第三志望で終わる。この第二、第三志望であったものを、未来において、第一志望に変えることができるのである。いや、絶対に変えなければならない。第二、第三志望に満足してならない。夢、希望を絶やしてならない。第一志望を目指せ。それでは、どのようにして変えることができるのか。

現在は第二，第三志望の大学にいる。次の直近の人生の岐路は、就職である。ここで、第一志望の会社に入るという目標を立てる。このためには、人並みの努力では足りない。まさに、死に者狂いの努力が必要である。現在は大学生であるのだから、「努力」は「勉強」ということである。わかりやす

7. TEX の利用

7. TEX の利用

くいうならば、履修科目のすべてにおいて、成績評価「AA」（９０点以上）、「A」（８０点以上）を獲得することである。大学全体で、トップ１０（テン）に入る努力をしなければならない。この成績であるならば、余程のことがない限り、第一志望の企業に就職できる。大学推薦、教授推薦ももらえる。教授推薦となれば、いきなり部長面接である。すでに内定を獲得しているに等しい。

会社は第一志望のものとなった．そうすると，その第一志望が過去の第二，第三志望のものをも，第一志望に変えてしまうのである．人間の人生は連続しているのである．あの小学校にいたから，あの中学校に通っていた．あの中学校にいたから，あの高校に通っていた．あの高校にいたから，この大学にいる．この大学にいたから，この会社に就職できた．これを逆回転させる．第一志望の会社に就職できたのは，この大学にいたからだ．この大学に入学できたのは，あの高校にいたからだ．あの高校に入学できたのは，あの中学校にいたからだ．現時点（直近の）での最終目標が第一志望であるならば，因果律が働いて，その人のこれまでの人生を第一志望のものに変えてしまうのである．つまり，会社－大学－高校－中学校－小学校を第一志望の連続に変えることができるのである．

就職も第二，第三志望の会社であったらどうしようか．その次の岐路は結婚であろう．第一志望となる「伴侶」を見つけることである．あせることはない．結婚が第二，第三志望の相手であったら，どうしようか．次は，結婚生活，家庭生活の構築を第一志望のものにしよう．世界一幸せな家庭を構築することを目標とする．

「士」（サムライ）職に就くのもいいだろう．いろいろな資格があるから，それらに挑戦するのも悪くはない．ただ，時間と人並み以上の努力・集中力を必要とする．ある「士」の資格をとって仕事を始めた．ところが，翌日死んでしまった．努力のため，身体がすっかり消耗してしまっていた．たった一日の「士」であったが，その人は「士」という第一志望を獲得したことは紛れもない事実である．歴史にその名は残る．ひょっとしたら，人間は死んで，その人の価値が決まるのかもしれない．そういう意味で，死ぬまで，何でもいい，第一志望のものを追い求めねばならないような気がする．

7. TEX の利用

7. TEX の利用

Page 1

```
1  ¥documentclass[a4paper,10pt]{jarticle}
2  ¥title{「『未来』において『過去』を変える」}
3  ¥author{北原宗律}
4  ¥date{¥today}
5  ¥pagestyle{plain}
6
7  %%%%%%   TEXT START %%%%%%
8  ¥begin{document}
9  ¥maketitle
10 ¥begin{abstract}
11 これは、なぜ、現在の大学において勉強をしなければならないのかを説いた文章
11 である。人間、どこかで死に者狂いで頑張らなければならないときがある。それは
11 、未来において過去を変えたいと思うときである。この文書は、「TEX」で書かれて
11 いる。必要な箇所はソースを提供しているので、参考にしてもらいたい。
12 ¥end{abstract}
13 ¥Large{どう}考えても、これは物理的にも理論的にも無理な話である、と多くの人
13 々は思っている。過ぎ去った時間をどうやって変えることができるのか。ドラえも
13 んがいるわけでもない。タイムトンネルがあるわけでもない。¥¥
14   標記命題を説明する前に、もうひとつ、「人生、第二、第三志望主義」について
14 説明しておかなければならない。人間は、生涯、人生の岐路において、常に第一
14 志望を全うしてきたという人は、むしろ少数派であろう。第二志望、第三志望を選
14 択しなければならなかった人の方が圧倒的に多いような気がする。¥¥
15 ¥Large{大学}受験時に、第一志望○○大学、第二志望△△大学、第三志望□□
15 大学と書いたはずだ。第一志望の大学に入学できた人と第二、第三志望の大学
15 に入学できた人との割合はどうであろうか。第一志望の大学において、不合格に
15 なった受験生の数は合格者数の数倍、数十倍になっているのが通常である。不
15 合格となった受験生の方が圧倒的に多いのである。したがって、第一志望の大学
15 を不合格となった受験生は、第二、第三志望の大学に流れることになる。会社の
15 就職試験においても同様である。第二、第三志望の大学（会社）で、それまで歩
15 んできたと同じ生活を継続すれば、第二、第三志望は、そのまま第二、第三志望
15 で終わる。この第二、第三志望であったものを、未来において、第一志望に変え
15 ることができるのである。いや、絶対に変えなければならない。第二、第三志望に
15 満足してならない。夢、希望を絶やしてならない。第一志望を目指せ。それでは、
15 どのようにして変えることができるのか。¥¥
16 ¥Large{現在}は第二, 第三志望の大学にいる。次の直近の人生の岐路は、就職
16 である。ここで、第一志望の会社に入るという目標を立てる。このためには、人並
16 みの努力では足りない。まさに、死に者狂いの努力が必要である。現在は大学生
16 であるのだから、「努力」は「勉強」ということである。わかりやすくいうならば、履
16 修科目のすべてにおいて、成績評価「AA」（90点以上）、「A」（80点以上）を獲得
16 することである。大学全体で、トップ10（テン）に入る努力をしなければならない。
16 この成績であるならば、余程のことがない限り、第一志望の企業に就職できる。
16 大学推薦、教授推薦ももらえる。教授推薦となれば、いきなり部長面接である。す
16 でに内定を獲得しているに等しい。¥¥
17 ¥Large{会社}は第一志望のものとなった. そうすると, その第一志望が過去の第
17 二, 第三志望のものをも, 第一志望に変えてしまうのである. 人間の人生は連続
17 しているのである. あの小学校にいたから, あの中学校に通っていた. あの中学
17 校にいたから, あの高校に通っていた. あの高校にいたから, この大学にいる. こ
17 の大学にいたから, この会社に就職できた. これを逆回転させる. 第一志望の会
17 社に就職できたのは, この大学にいたからだ. この大学に入学できたのは, あの
17 高校にいたからだ. あの高校に入学できたのは, あの中学校にいたからだ. 現時
17 点（直近の）での最終目標が第一志望であるならば, 因果律が働いて, その人の
17 これまでの人生を第一志望のものに変えてしまうのである. つまり, 会社－大学
17 －高校－中学校－小学校を第一志望の連続に変えることができるのである. ¥¥
18  ¥Large{就職}も第二, 第三志望の会社であったらどうしよう. その次の岐路は
18 結婚であろう. 第一志望となる「伴侶」を見つけることである. あせることはない.
18 結婚が第二, 第三志望の相手であったら, どうしようか. 次は, 結婚生活、家庭生
18 活の構築を第一志望のものにしよう. 世界一幸せな家庭を構築することを目標と
18 する. ¥¥
19  ¥Large{「士」}（サムライ）職に就くのもいいだろう. いろいろな資格があるから, そ
19 れらに挑戦するのも悪くはない. ただ, 時間と人並み以上の努力・集中力を必要
19 とする. ある「士」の資格をとって仕事を始めた. ところが, 翌日死んでしまった.
19 努力のため, 身体がすっかり消耗してしまっていた. たった一日の「士」であった
19 が, その人は「士」という第一志望を獲得したことは紛れもない事実である. 歴史
19 にその名は残る. ひょっとしたら, 人間は死んで, その人の価値が決まるのかもし
19 れない. そういう意味で、死ぬまで, 何でもいい, 第一志望のものを追い求めねば
19 ならないような気がする.
20 ¥end{document}
```

104

7. TEXの利用

8. 卒業論文

1. 卒論概論
   1.1　卒業論文作成の必要性
   1.2　卒業論文「借」成
   1.3　卒業論文「借」成と情報倫理
   1.4　卒業論文の表紙
2. 卒論作成準備
   2.1　標題（テーマ）の選び方
   2.2　卒論の作成順序
   2.3　各項目の必要日数と終了時期
3. 卒論作成次第
   3.1　標題（テーマ）の決定
   3.2　過去の卒論のテーマ
   3.3　目次の作成
   3.4　目次の構成
   3.5　各章のあらすじの作成
   3.6　各節のあらすじの作成
   3.7　資料の収集
4. 入力作業
5. 図表の処理(1)(2)
6. 原稿推敲作業
7. 引用資料・文献・図表の整理
8. 印刷
9. 製本
10. 提出

1.1 卒業論文作成の必要性

なぜ，卒業論文を書かねばならないのか．
大学の授業においては，「講義を受ける」，すなわち，「受講」というように，「受け身」の姿勢で勉強をすることが多い．
ところが，卒論作成においては，そのテーマを自分で選択し，目次作成から入力，印刷まで，すべて自分でやらなければならない．これは北原ゼミナールの卒論作成の方針である．つまり，卒論作成において，学生諸君の「主体性」「自主性」「創造性」が試されているのである．
大学の4年間で「何ができたか」というものを残しておかなければならない．「受講」だけでは，何も残るはずはない．自分で選んだテーマではあるが，そのテーマについては，誰よりも専門家になれるはずである．
「何」（テーマ）を勉強したかよりも，むしろ，あるテーマについて「どのように」勉強して，「どのように」完成させたかということの方が重要である．
論文の作成方法，資料の収集方法，文章の推敲，入力方法，図形・画像の取り込み方法などを修得することにもなる．
ほとんどの学生にとっては、人生で最初で最後の「大論文」になるはずである．

1.2 卒業論文「借」成

「卒論作成」といっても、論文の一字一句を自分で考えて、書き上げることは、学部学生にとっては、到底無理な話である．それが理想であることは間違いない．まず、そうするための時間がない．つぎに、そうするための忍耐力がない．第三に、そうするための集中力がない．卒論作成といって、学生たちが実際にやっていることといえば、何冊かの本から、適当に切り取って、つなぎ合わせているだけのことである．
しかし、それが許される．最初の論文であるから．高校の「英作文」の授業では、先生が、「英『作』文」ではなくて、「英『借』文」が正しいんだ、としょっちゅう言われていた．高校生の分際で、英語を作るなんてことはおこがましい、借りてくるだけでいいのだというわけである．少なくとも、英語に関しては、外人なのであるから、国語を作ることができるわけがない．
したがって、「卒論『作』成」も、本当は、「卒論『借』成」と言った方が正しいかも知れない．いろいろな本から、数ページずつ借りてくる．それらをつなぎ合わせる．つまり、編集をするのである．いろいろな本から、適当な箇所を借りてくるのであるから、それぞれ異なる用語法や表現方法などを、自分の論文のなかでは統一を図らなければならない．

8. 卒業論文

1.3 卒業論文「借」成と情報倫理

「卒論『借』成」と言ったが、怒らないでほしい。他人のものを借りる、すなわち、他人を真似るのである。人間、生まれた時から、「真似る」ことで、生きる知恵を学び、そこから自分なりのものを生み出してきた。我々人間をはじめ、動物は「リバース・エンジニアリング」という方法を身につけてきた。

他人のものを借りる場合には、それなりの礼儀をつくさなければならない。自分がその他人の立場になったときのことを考えてみてください。ここからここまではこの本の何ページから借りました、ということを正確に自分の論文のなかに記述しておかなければならない。本当ならば、借用部分（引用部分というのが正しいが）は「・・・」というように、「　」で囲むのがよい。「　」がないと、その他人の文章と自分の文章との見分けがつかなくなるからである。

「　」が多すぎて、読みづらくなるかもしれない。「　」の部分が何ページにもわたるかも知れない。でも、それが本当なのだから。それをやらないと、情報倫理に反することになる。最悪、著作権法違反で、損害賠償を請求されるかも知れない。情報倫理も勉強するゼミで、それはまずいと思う。

1.4 卒業論文の表紙

提出：1月10日教務課

卒業論文04 ← 講義番号（20pt）

情報社会の課題 ← 卒論標題（24pt）

← 紙ファイル

広島修道大学
経済科学部　経済情報学科
北原ゼミナール
学籍番号
氏　名
← （20pt）

情報社会の課題

氏　名

（背表紙）　（表表紙）

8. 卒業論文

2.1 標題（テーマ）の選び方

北原ゼミナールの学生であるのだから、卒論の標題は、法情報論・情報社会論の授業中で取り上げられたものから選択するのが最善である。他のところからとってきたものについては、論文指導が困難である。授業中のものから選択することが、礼儀でもある。

卒論作成が就職内定後に本格的に開始されることを考えれば、内定先の業界・業種等、将来の会社の業務との関係を考慮して、テーマを選んでも良いと思う。そのかわり、教授の専門外のテーマであれば、文字通り孤独な研究であることを覚悟しなければならない。そもそも、学問は孤独なのだ。

いくつかテーマを選んだら、インターネットの検索ページで、それらのテーマを入力してみてください。ヒット数が３，０００以上なら、それに関する資料が十分あるということです。ヒット数が１，０００以下なら、ちょっと苦労するということである。ヒット数が１０，０００以上なら、捨てるのに苦労します。ちょっと確かめてください。

2.2 卒論の作成順序

1．標題（テーマ）の決定
2．目次の作成
3．各章・各節のあらすじの作成
4．資料の収集
5．入力作業
6．原稿推敲作業
7．引用資料・文献・図表の整理
8．印刷
9．製本
10．提出

8. 卒業論文

8. 卒業論文

2.3 各項目の必要日数と終了時期

	作業項目	日数	作業開始日
1	テーマの決定	7日	6月
2	目次の作成	7日	6月
3	各章のあらすじの作成	10日	6月
4	資料の収集	90日	6月～8月
5	入力作業	30日	7月～11月
6	原稿推敲作業	7日	12月 1日
7	資料・文献・図表の整理	3日	12月 8日
8	印刷	2日	12月15日（忘年会）
9	製本・表紙作成	1日	12月22日
10	提出	1日	1月10日迄

3.1 標題（テーマ）の決定

何と言っても、まず、この標題の決定に、大いに悩むこと、請け合いである。人生、これまで、何の悩みもなく生きてきた証拠である。だいたい、これが、こういうことを、勉強したくて大学に入ってきたのとちがうんですか。こういうことを勉強したくて、北原ゼミナールを希望したのではないのですか。といっても、これは無理な話なのだ。大学に入るときから、何の問題意識も持っていない。卒論のテーマを選択するということで、少なくとも、3年間、365日×3＝1095日間、大学生をやってきたのであるから、何かあるはずだ。

自分は、何に一番関心を持っているか。もう一人の自分から、自分を見直して見てください。つまり、自分を客観視するわけです。そう、自己推薦状を書くときに使ったのと同じ方法です。

法情報論・情報社会論の範囲のテーマにすること。

ゼミⅠにおいて，個別報告をしてもらうのは、卒論のテーマの選択のためでもある。どうしても、一人で決定できなければ、教授に相談するしかない。

8. 卒業論文

8. 卒業論文

3.2 過去の卒論のテーマ

「情報化社会を支えるマルチメディア」「交通事故過失割合算定システムTRADAS」
「地球環境問題」　「プライバシーの権利」　「感性工学とその快適性・感性品質管理」
「コンピュータ社会における情報犯罪」　「情報セキュリティ」　「NII構想」
「コンピュータウイルスについて」　「電子マネー電子商取引の可能性と展望」
「インターネットによる産業革命」　「電磁波の危険性」　「移動体通信の不安と展望」
「コンピュータがはじき出した麻雀必勝確率論」
「通信ネットワークについて」　「UNIXシステムセキュリティ」
「ECが変える21世紀の消費者行動」　「コンピュータ史」
「コンピュータ・ミュージック―コンピュータによる音楽創造―」
「インターネットにおける『出会い』産業について」　「インターネットの利用」
「マルチメディアと最先端社会構築」　「インターネット社会論」
「情報産業とマスコミュニケーション」　「コンピュータアーキテクチュア」
「アメリカにおけるデジタルアンダーグランドでのハッカー問題」
「インターネットの仕組みと無限の可能性」「情報社会におけるプライバシー問題」
「マルチメディアの歴史と未来」「インターネットにおけるデータ保護について」
「イントラネット」「中小企業の現状とこれから」

3.3 目次の作成

卒論の標題（テーマ）が決定したら、そのつぎは「目次」を作成する。
論文全体のバランスをよくするためにも、目次の作成が大切である。
目次が完成した時点で、卒論は6～7割方完成したと思ってよい。つまり、そのぐらい目次の作成が重要だということである。
「結論」が先にある。標題がその結論であるともいえる。それでは、その結論を導き出すためには、あるいはその結論に到達するためには、どういう項目がその前になければならないかを考える。すなわち、「後ろ向き推論」をここでやらなければならない。後ろ向き推論とは、考えが後ろ向きということではない。まず、目標・目的を決定しておいて、その目標・目的を達成するには何をしなければならないかを考える推論の方法である。
G：－A，B，C，D．（A，B，C，Dが達成されるとG（ゴール）が達成される）
（人工知能言語Prologで表現すると、上のようになる）
章［1］、節［（1）］、項（i）というようになると思うので、まず、章について考える。5つの章、3つの節、2つの項ぐらいでいいのではないかと思う。

8. 卒業論文

8. 卒業論文

3.4 目次の構成

1. はじめに
2. 第1章
　　　第1節
　　　第2節
　　　第3節
　　　　　第1項
　　　　　第2項
3. 第2章
　　　第2節
4. 第3章
5. 第4章
6. 第5章
7. おわりに

---

1. はじめに
2. 情報社会
2．1　情報社会の歴史
2．2　情報社会の課題
2．3　情報社会の展望
2．3．1　技術的展望
2．3．2　社会的展望
2．3．3　文化的展望
3. 工業社会
4. 農業社会
5. 漁業社会
6. 林業社会
7. おわりに
8. 文献・資料

3.4 目次の構成

1. はじめに
2. 情報社会
　（1）　情報社会の歴史
　（2）　情報社会の課題
　（3）　情報社会の展望
　　（ⅰ）　技術的展望
　　（ⅱ）　社会的展望
　　（ⅲ）　文化的展望
3. 工業社会
4. 農業社会
5. 漁業社会
6. 林業社会
7. おわりに
8. 文献・資料

［章・節・項］、［3．3．1］または［2．（2）（ⅱ）］、などからどの形式にするかは、趣味の問題で、自分の好きなものを選べばよい。

8. 卒業論文

3.5 各章のあらすじの作成

各章の標題が決定したら、今度は、各章について、200字程度の「あらすじ」を書いてみる。

箇条書きでもよい。
カードにすると、机の上に並べられて、文字通り一目瞭然。ひょっとしたら、第2章と第4章を入れ替えた方がよいとか、第5章を2つに分けた方がよいとか、自分でもいろいろ考えられるはずである。テーマの固まりが発見できるはずである。ひとつの章に、テーマの山が2つあるなら、その章を2つに分けても構わない。その逆もありうる。卒論はいわば山脈、連山のようなものだ。いくつかのテーマの山から成り立っているからだ。

3.6 各節のあらすじの作成

各章の標題が決定したら、今度は、各節について、100字程度の「あらすじ」を書いてみる。

ここでも、箇条書きでも良い．
前の章のあらすじの検討で行ったことを繰り返す。

ここまできたら、自分の卒論の構成が把握できたと思われる。各章のあらすじ、各節のあらすじができあがった時点で、ゼミで発表してもらいたい。それは、あらすじの段階ではあるが、発表するということで、自分の考えを明確にしておかなければならないということと、他の仲間に聞いてもらって、いろいろな視点からアドバイスをもらうということが大切だからだ。私も文句をつけたい。

8. 卒業論文

8. 卒業論文

3.7 資料の収集

まず、インターネット検索で、どういう資料が、どのくらいあるかを調べる。

情報社会論、法情報論に関連するテーマであれば、インターネット情報で十分であろう。

インターネット検索では、サーチエンジン"ｇｏｏｇｌｅ"（グーグル）が一番使いやすい。なんせ８０億のホームページから検索する。

「アンケート調査」をしてもよい。情報社会論、法情報論の授業で協力できる。それでも足りなければ、情報学（経済大学で４００名受講）でも協力する。

4. 入力作業

入力は、大学のコンピュータ教室のコンピュータを使用するということで、話を進める。

日本語ワードプロセッサーＷｏｒｄを使用する。

Ｗｏｒｄは、親切すぎるところがあって、最初はとまどうかもしれない。「小さな親切、大きなお世話」

自動目次作成機能もついているが、あまり使えない。

Ｍドライブにフォルダ「卒論」を作成し、すべてそこに保存する。

フロッピーを１枚用意して、それにも保存する。フロッピーは２枚用意した方がいい。いつ雷が落ちて、停電なるかわからない。コンピュータが１０分おきぐらいに自動的にバックアップをとってくれるが、前の１０分間に入力したものが消えてなくなってしまう。

入力が全部終われば、あなたは「Ｗｏｒｄの達人」であること間違いない。

8. 卒業論文

8. 卒業論文

5. 図表の処理(1)

1　単語登録　ツールバーの「編集」をクリックする。「日本語入力辞書への単語登録」をクリックする。「コンピュータ」なら「こ」と入力しただけで、変換キーを押すと、「コンピュータ」が出てくるようにするわけである。「ネットワーク」なら「ね」、「インターネット」なら「い」というように登録する。よく出てきそうな5文字以上の単語について、単語登録をしておくと、ずいぶん早く楽に入力できるようになる。

2　図表入力　図表を貼り付けたい場所に、テキストボックスを作成する。大きさは適当にしておく。PowerPointで描いた図表をこのテキストボックスに貼り付ける。

3　写真を貼り付ける
ちょっと手が混んでいるが、比較的きれいに、そして目的のものが貼り付けられるので、お薦めする。目的のＷｅｂページが出たら、■　Prt Sc を押す。Print Screen という意味だから、モニタ画面全面がコピーされる。

アクセサリのペイントを開いて、編集の貼り付けをクリックする。ペイント上で、範囲指定をして、切り取る。切り取った写真をＷｏｒｄ上のテキストボックスに貼り付ける。

5. 図表の処理(2)

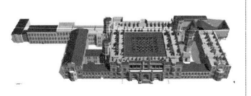

ドイツ旅行をして感じたことは、ドイツの大学がすばらしいということであった。
右の写真は、ドイツのニーダーザクセン州、ハノーファー大学の本部である。写真からもわかるが、ある王様の城を大学の校舎にしたものである。

ここで大事なことは、図形とテキスト文の関係を決めておくことである。つまり、写真や図形の説明をどこに表示するかということである。

それは、Ｗｏｒｄの「図形の調整」をクリックして、テキスト文の位置を、写真の上下、左右、左側、右側などと決定しておかなければならない。

この例の場合は、写真を右側に寄せて、テキスト文を写真の周囲に書くことにした。そうすると、上のようになる。試してみてください。

8. 卒業論文

6. 原稿推敲作業

原稿の推敲。「推敲」（「すいこう」と読む）とは「詩文を作るのに字句をさまざまに考え練ること」と岩波の『広辞苑』にある。この推敲をやっていると、自分も少しはえらくなったような気にさせられるからおもしろい。コンピュータのモニタに映しだされた論文よりも、プリントアウトした紙の論文でやった方がいい。赤鉛筆か赤ボールペンを持つ。

国語辞典。国語事典。漢和辞典。英和辞書。情報科学事典。日本語類語辞典。辞書、辞典類を総動員する。

「字句を考え練る」ことはもちろん、誤字・脱字のチェックをする。誤字や脱字があれば、赤ペンで訂正し、付箋をつけておく。後で、コンピュータでの訂正入力時に見つけやすいためだ。

原稿の推敲は、全体を通して、最低３回は必要である。５回程度が望ましい。１回目は赤ペンで、２回目は青ペンで、３回目は緑ペンで、とすれば、ページがカラフルになる。

7. 引用資料・文献・図表の整理

1　引用資料・文献

他の人が作成した情報を使わしてもらうのだから、その礼儀に反しないようにしなければならない。引用文献が多ければ、各章の終わりに、まとめて、［註］として掲載する。本文には、註の番号を打っておく。

［本文］

　日本の情報社会は１９７０年頃に始まったと考えられる。そもそも情報社会は複相社会である[3]。

［註］

[3]　北原宗律、情報社会の情報学［改訂版］、西日本法規出版2003年、73頁以下。
引用資料をWebサイトからとったのであれば、ＵＲＬのアドレスを表示しておかなければならない。
　[3]　http://alpha.shudo-u.ac.jp/~kitahara/

論文の最後に、「おわりに」に後に、［参照文献・資料］として、実際に引用したものを含めて、論文の作成で使用した文献・資料を掲載しておいてもよい。ここでは、文献の頁表示は必要ない。

8. 卒業論文

8．卒業論文

8. 印刷

1．頁表示
　　表紙、目次については、ⅱ、ⅲ、ⅳ、ⅴというようにする。表紙が1頁目になるのが、表紙には頁数を打たないので、目次の頁のⅱから始まる。
　　本文の「はじめに」が頁表示　-1-　となる。その後は、　-2-、-3-、となっていく。
　　Woodでは、ツールバーの「挿入」をクリックすると「ページ番号」挿入があるので、それをクリックして、必要なデータを入力する。あとはコンピュータが自動的に頁番号を打ってくれる。
　　ページ番号を表示させる位置は、頁下・中央がよい。
ファイルの容量が大きくなり、いくつかのファイルに分けている場合には、番号表示の初期値をその都度変えてやらなければならない。
　　図表・写真等が入っている頁は、ファイン印刷に切り替えると、きれいに出る。カラー印刷機があればの話だが。

9. 製本

いよいよ、製本となりました。
大きなパンチの機械を用意する。100頁ぐらいなら、1回で穴があく。
用紙の左側に2穴あけて、表紙として準備した紙のファイルにとじる。
表表紙の標題と名前の部分を透明粘着テープを貼る。
背表紙に透明粘着テープを貼る。
ここまでやったら、卒業論文の完成である。

8. 卒業論文

8. 卒業論文

10. 提出

1月10日が卒業論文の提出期限である。
年度によって曜日の関係上，11日，12日など異なる年もあるので，確認しておくこと．
1月10日までに提出すればよい。
12月中に提出してもよい。
提出期限日が土曜日の場合は，午後12時20分まで。
教務課第4係に、提出する。
卒業論文受取書に必要事項を記入して提出する。
受取書は自分で保存しておく。
受領された卒業論文は、1週間後、教員に届く。
卒業論文は研究室の書棚に大事に保管される。

8. 卒業論文

9.『サイバーセキュリティと情報倫理』

1 サイバーセキュリティの必要性

概 要

　本章では、サイバーセキュリティの概要とサイバーセキュリティの専門家に対する需要が増大している理由について説明する。また、オンラインのアイデンティティとデータとはどのようなものであるのか、それらがどこに存在するのか、そしてそれらがなぜサイバー犯罪者の興味を引くのかについて解説する。本章ではさらに、組織データの概要とそれらを保護しなければならない理由を示すとともに、サイバー攻撃者とはどのような人物であるのか、そしてその狙いがどこにあるのかを説明する。サイバーセキュリティの専門家には、サイバー攻撃者と同等のスキルが必要とされる一方、地域、国内、および国際法の範囲内で活動することが求められます。また、サイバーセキュリティの専門家は、自分のスキルを倫理的に用いる必要がある。本章ではこの他にも、サイバー戦争の概要と国家および政府において市民やインフラストラクチャを保護するためにサイバーセキュリティの専門家が必要である理由も提示する。なお，教材として，シスコ"Introduction to Cybersecurity'"を利用した。

1.1 個人データ
1.1.1 個人データの概要
1.1.1.1 サイバーセキュリティとは

　接続された電子情報ネットワークは、日常生活に不可欠な要素となっている。医療、金融、教育機関など、あらゆる種類の組織はこうしたネットワークを使用して効果的に業務を行っており、膨大な量のデジタル情報を収集、処理、保存、共有することでネットワークを活用している。収集および共有するデジタル情報が増加するのに伴い、こうした情報を保護することが国の安全を保ち、経済を安定させるうえでより一層不可欠となりつつある。

　サイバーセキュリティは、ネットワークに接続したシステムとすべてのデータを不正使用や損害から保護するための継続的な取り組みである。個人レベルでは、自身のアイデンティティ、データ、およびコンピューティング デバイスを保護することが求められ、企業レベルでは、全員が組織のレピュテーション、データ、および顧客を保護する責任を負う。そして国家レベルでは、国家の安全と市民の安全、および快適な暮らしを保つことが重要となる。

1.1.1.2 オンラインおよびオフラインのアイデンティティ

　オンラインで費やす時間が増えると、オンラインとオフライン両方のアイデンティティが生活に影響を与える可能性がある。オフラインのアイデンティティとは、家、学校、または職場での友人や家族が日常的に関わりを持つ人物を指し、こうした人物は、あなたの名前、年齢、住所などの個人情報を知っている。オンラインのアイデンティティとは、サイバースペースにおいて自身を証明するものであり、オンラインで自分自身を他者に示す手段となる。このオンラインのアイデンティティについては、自身の限られた情報のみを公開する必要がある。

　オンラインのアイデンティティのユーザ名、またはエイリアスを選択する際は注意が必要である。ユーザ名は個人情報を含まず、適切かつ礼儀正しいものであるべきである。またユーザ名は、見知らぬ人物がサイバー犯罪の標的にしやすいと思ったり、そうした人物から余計な注目を集めたりするようなものであってはならない。

1.1.1.3 データ

　個人に関する情報はすべて、データとみなすことができる。個人情報は、人を個人として一意に識別できるものであり、これには、オンラインで家族や友人と交換する写真やメッセージなどが含まれる。名前、社会保障番号、個人識別番号、誕生日や出生地、母親の旧姓といったその他の情報は、個人を識別する際に使用される。また、医療、教育、財務、雇用情報などの情報もオンラインでの個人の識別に使用できる。

1.1.1.3.1 医療記録

　医院を訪れると毎回、電子カルテ（EHR）に情報が追加される。主治医からの処方箋は、EHR に入力される。EHR には、身体の健康状態、精神の健康状態、および医療には関係ない場合もあるその他の個人情報が含まれる。たとえば、子供のときに家族に大きな変化があり、カウンセリングを受けた場合、その情報は医療記録のどこかに残される。病歴や個人情報の他に、EHR には家族の情報が含まれる場合もある。フィットネス バンドなどの医療機器では、クラウド プラットフォームを使用して、心拍数、血圧、血糖値などの臨床データの無線伝送、保存、および表示が行えるようになっている。これらの機器は、医療記録の一部となる膨大な量の臨床データを生成することが可能である。

9.『サイバーセキュリティと情報倫理』

1.1.1.3.2 教育記録

　教育を受けると、学年やテストの成績、出席状況、履修した授業、獲得した賞や取得した学位、専門科目のレポートなどの情報が教育記録に追加される。こうした記録には、連絡先情報、健康状態や予防接種に関する記録、個別教育プログラム（IEP）などの特別な教育記録も含まれる場合がある。

1.1.1.3.3 雇用および財務記録

　財務記録には、収支に関する情報などが含まれる。納税記録には、給与明細書、クレジット カードの取引明細書、信用格付け、およびその他の銀行取引に関する情報が含まれる場合もある。雇用情報には、これまでの職歴や実績などが含まれる。

1.1.1.4 データの保管場所

　こうした情報はすべて、あなた自身に関するものであり、自国内のプライバシーやデータを保護する法律はさまざまである。では、あなたはデータの保管場所を把握できているか。
　医院を訪れた場合、医師との会話はカルテに記録されるが、こうした情報は、適切な請求を行い、適切な品質を確保できるよう、請求を目的として保険会社との間で共有される場合がある。そうなると、診察を受けたときの医療記録の一部は、保険会社にも保管されることになる。
　ショップのポイント カードは、買い物に必要なお金を節約できる便利な方法かもしれないが、ショップ側は購入時のプロファイルを蓄積し、その情報を自らのために使用している。プロファイルを見れば、購入者が定期的に特定のブランドと香りの歯磨き粉を購入していることがわかり、ショップはその情報を活用して、マーケティング パートナーから購入者を対象とした特別オファーを送ることができる。このように、ショップとマーケティング パートナーは、ポイント カードを利用することで顧客の購買行動に関するプロファイルを入手している。
　オンラインで友人と写真を共有した場合、その写真のコピーを誰が入手するのかを把握できるだろうか。友人が、あなたのデバイスに保存されている写真のコピーを自身のデバイスにダウンロードする可能性がある。また、写真を公開して共有すると、見知らぬ人物がそれらのコピーを入手することもある。そうした写真は、見知らぬ人物がダウンロードしたり、スクリーンショットを撮ったりすることが可能である。オンラインに投稿された写真は、世界の別の地域に設置されているサーバにも保存され、そうなると、その写真はもはや自身のコンピューティング デバイスのみに存在する情報ではなくなる。

9.『サイバーセキュリティと情報倫理』

1.1.1.5 コンピューティング デバイス

　コンピューティング デバイスは、データを保存するだけのものではない。こうしたデバイスは現在、データのポータルとなっており、個人の情報を生成している。

　すべての信用取引の明細書を紙で受け取ることを選択していない限り、データへのアクセスにはコンピューティング デバイスを使用する。最新のクレジット カードの明細書のデジタル コピーが必要な場合は、コンピューティング デバイスを使用して、クレジット カードの発行元の Web サイトにアクセスする。また、クレジット カードの支払いをオンラインで行いたい場合は、自身のコンピューティング デバイスで銀行の Web サイトにアクセスし、送金することが可能である。コンピューティング デバイスからは、情報にアクセスするだけでなく、自身に関する情報を生成することもできる。

　こうしたオンラインで利用できる自身の情報のすべてを含む個人データは、ハッカーに利益をもたらすものとなっている。

1.1.2 ターゲットとしての個人データ
1.1.2.1 犯罪者は金銭を求めている

　犯罪者は、何らかの価値があるものを求めている。オンラインクレデンシャルは金銭的価値が高く、犯罪者はこうしたクレデンシャルを悪用してアカウントにアクセスする。サイバー犯罪者にとって、あなたが獲得した航空会社のマイルは価値がないものと思われるかもしれないが、もう一度考えてみてください。以前、サイバー犯罪者がアメリカン航空とユナイテッド航空の約 1 万のアカウントをハッキングし、盗み出したクレデンシャルを使用して、無料でフライトやアップグレードを予約したという事件があった。このとき、航空会社から顧客にマイルは返却されたものの、こうした事実はログインクレデンシャルに価値があることを示している。また犯罪者は、人間関係を悪用することもあり、オンライン アカウントとレピュテーションにアクセスしてあなたをだまし、友人や家族に送金させることが可能である。このとき犯罪者は、家族や友人が財布をなくしてしまい、国外から帰国するためにあなたからの送金が必要であるというメッセージを送ることができるのである。犯罪者は、非常に豊かな想像力で金銭をだまし取ろうとする。また金銭だけでなく、アイデンティティも盗み出して人生を乗っ取ることさえできる。

1.1.2.2 犯罪者はアイデンティティを求めている

　短期的に利益を得る目的で金銭を盗み出す以外に、犯罪者はアイデンティティを盗み出すことで長期的に利益を得たいと考えている。

135

9.『サイバーセキュリティと情報倫理』

　医療費が増加する中、メディカル ID の盗難も増えている。アイデンティティを盗み出した犯罪者は、そのアイデンティティを持つ人物の医療保険をだまし取り、医療手当を受け取ることができるが、ここで利用される医療処置の情報は現在、医療記録に含まれている。

　毎年の納税申告時期を、サイバー犯罪者はこのタイミングをチャンスと捉えている。例えば、米国では毎年 4 月 15 日までに納税申告を行う必要があるが、内国歳入庁（IRS）は 7 月まで納税申告書と雇用主からの情報を照合しないため、アイデンティティを盗み出した犯罪者は、虚偽の納税申告書を提出して還付金を受け取ることができる。そして実際の申告者は、IRS から還付拒否された時にその事実に気付くことになる。また、犯罪者は盗み出したアイデンティティを使用してクレジット カード口座を開設し、そのアイデンティティを持つ人物の名前で借金を重ねることも可能である。そしてこれにより信用低下し、融資が困難になることもある。さらに個人のクレデンシャルを利用して、企業データや政府のデータにアクセスすることも可能である。

1.2 組織データ
1.2.1 組織データの概要
1.2.1.1 組織データの種類
1.2.1.1.1 従来のデータ

　企業データには、個人情報、知的財産、および財務データが含まれている。個人情報には、申請資料、給与、内定通知、雇用契約、および雇用を決定する際に使用する情報などがある。企業は、特許、商標、新製品の計画といった知的財産を活用することで、競合他社に対する経済的優位性を得ることができる。知的財産は企業秘密とみなすことができ、こうした情報を失った企業は、将来多大な損害を被る可能性がある。損益計算書、貸借対照表、キャッシュフロー計算書などの財務データを見ると、その企業の健全性がわかる。

1.2.1.1.2 モノのインターネットとビッグ データ

　モノのインターネット（IoT）の登場に伴い、管理と保護が必要なデータが大幅に増えている。IoT は、従来のコンピュータ ネットワークの枠を超えて広がる、センサーや装置などの物理オブジェクトからなる大規模なネットワークである。このような接続のすべてに加え、クラウドや仮想化によってストレージ容量とストレージ サービスが増えたことで、データ量が急増している。こうしたデータは「ビッグデータ」と呼ばれ、技術やビジネスの領域で新たな関心を生み出している。そして IoT や日常的な業務を通して、膨大な量と種類のデータが凄まじい速度で生み出される中、こうしたデータの機密性、完全性、および可用性が組織の存続に不可欠となっている。

9.『サイバーセキュリティと情報倫理』

1.2.1.2 情報セキュリティの目標：機密性・完全性・可用性

CIA Triad と呼ばれる機密性（C）、完全性（I）、および可用性（A）は、組織の情報セキュリティのガイドラインとなっている。機密性（Confidentiality）は、認証を暗号化してアクセスを制限し、データのプライバシーを確保することで実現する。完全性（Integrity）とは、情報が正確で信頼できるものであることを保証するものである。可用性（Availability）は、許可された人物が情報にアクセスできるようにすることで確保される。

1.2.1.2.1 機密性

機密性はプライバシーとも呼ばれる。企業ポリシーは、情報へのアクセスを許可された人物に制限し、そうした人物のみがデータを閲覧できるようにするものであるべきである。データは、情報のセキュリティまたは機密レベルに従って区分することが可能で、たとえば、Java プログラムの開発者が全従業員の個人情報にアクセスできないようにする必要がある。さらに、従業員は機密情報を保護するうえでのベスト プラクティスを理解し、自身と企業を攻撃から守るためのトレーニングを受けなければならない。機密性を確保する手法としては、データ暗号化、ユーザ名（ID）とパスワード、二要素認証、そして機密情報の漏洩を最小限に抑えることなどがある。

1.2.1.2.2 完全性

完全性とは、ライフサイクル全体におけるデータの正確性、一貫性、および信頼性を指す。転送中のデータは不変でなければならず、許可されていないエンティティによって変更されることがあってはならない。不正アクセスは、ファイルのアクセス許可とユーザのアクセス制御によって防止でき、また、バージョン管理を行えば、許可されたユーザが誤って変更を加えてしまう事態を回避することが可能である。バックアップは、破損したデータの復元に利用可能でなければならず、ハッシュ関数による誤り検知方法（チェックサムハッシング）を実行すれば、転送中のデータの完全性を検証できる。

チェックサムは、ファイルまたは文字列が、ローカル ネットワークやインターネット上で 1 つのデバイスから別のデバイスに転送された後、それらの完全性を検証する際に使用されます。チェックサムは、ハッシュ関数を使用して計算される。一般的なチェックサムとしては、MD5、SHA-1、SHA-256、および SHA-512 がある。ハッシュ関数は、データを固定長の値に変換してそのデータを表す数学アルゴリズムを使用する。ハッシュ化された値は、比較のみを目的としたものであり、その値から直接、元のデータを取得することはできない。たとえば、パスワードを忘れてしまった場合、ハッシュ化された値からの復元は行えないため、パスワードをリセットする必要がある。

9.『サイバーセキュリティと情報倫理』

ファイルをダウンロードしたら、ハッシュ計算ツールを使用して生成したハッシュ値を含むソースのハッシュ値を確認し、そのファイルの完全性を検証することが可能である。ハッシュ値を比較すれば、転送中にファイルが改ざんされていないこと、または破損していないことを確認できる。

1.2.1.2.3 可用性

装置の保守、ハードウェアの修理、オペレーティング システムとソフトウェアの最新の状態の維持、およびバックアップの作成により、許可されたユーザに対するネットワークとデータの可用性が確保される。自然災害や人災から迅速に回復するには、計画を策定しておく必要がある。また、ファイアウォールなどのセキュリティ装置またはソフトウェアにより、サービス妨害（DoS）をはじめとした攻撃に起因するダウンタイムを防げる。サービス妨害は、ユーザがサービスを利用できないようにすべく、リソースを過負荷状態にする攻撃が試みられたときに発生する。

1.2.2 セキュリティ侵害の影響
1.2.2.1 セキュリティ侵害がもたらす結果

いくつかの理由により、すべての潜在的なサイバー攻撃から組織を保護することは不可能である。セキュアなネットワークをセットアップして維持するのに必要な専門知識を得るには、高額な費用がかかる場合がある。また攻撃者は常に、ネットワークを標的にする新たな方法を模索している。その結果、高度な標的型のサイバー攻撃が成功することとなる。ここで優先して考えるべきことは、セキュリティ チームがどれだけ迅速に攻撃に対応し、データの喪失、ダウンタイム、そして収益の損失を最小限に抑えられるかどうかである。

現在のところ、オンラインに投稿したすべてのデータは、所有している一切のコピーを消去できたとしても、永久にオンラインに残る可能性があり、サーバがハッキングされると、機密性の高い個人情報が公開されてしまうことも考えられる。また、ハッカー（やハッキング グループ）が、虚偽の情報を投稿して企業のWebサイトを書き換え、長年にわたって築いてきた企業のレピュテーションを損ねてしまう可能性もある。さらに、ハッカーによって企業のWebサイトが停止され、それが収益の損失につながることもある。長期間にわたってWebサイトが停止すると、企業は信頼性がないと捉えられ、場合によっては信用を失うことになる。企業のWebサイトやネットワークがセキュリティ侵害を受けると、機密性の高いドキュメントが流出したり、企業秘密が漏洩したり、知的財産が盗まれたりする結果となる可能性がある。こうした情報を失うと、企業の成長や拡大が妨げられることになりかねない。

9.『サイバーセキュリティと情報倫理』

　セキュリティ侵害の金銭的な損失は、単に失われたか、または盗難に遭ったデバイスを置き換えて既存のセキュリティに投資し、建物の物理的セキュリティを強化するのに必要なコストをはるかに上回る額となる。また場合により、企業は影響を受けたすべての顧客にセキュリティ侵害があったことを知らせる責任を負い、訴訟に向けた準備を行わなければならない。そしてこのような状況に不安を持った従業員が退職することもあるため、企業は成長ではなく、レピュテーションの回復に重点を置かなければならなくなる可能性もある。

1.2.2.2 セキュリティ侵害の例 1

　オンライン パスワード マネージャの LastPass により、2015 年 7 月にネットワーク上で異常なアクティビティが検出された。これは、ハッカーによるユーザの電子メールアドレス、パスワード リマインダ、および認証ハッシュの盗難であることが判明したが、幸いなことに、ハッカーは暗号化されたパスワードの保存場所からどのユーザのデータも取得することができなかった。
　LastPass を使用すれば、セキュリティ侵害を受けてもユーザのアカウント情報を保護できる。LastPass では、未知のデバイスや IP アドレスから新たにログインがあると、必ず電子メール認証か多要素認証が求められます。そのためハッカーは、アカウントにアクセスするためにマスタ パスワードも取得しなければならない。
　また、LastPass のユーザは、それぞれのアカウントの保護についてある程度の責任を負い、常に複雑なマスタ パスワードを使用するとともに、定期的にマスタ パスワードを変更する必要がある。さらにユーザは、常にフィッシング攻撃に注意しなければならない。フィッシング攻撃の例としては、攻撃者が LastPass が送信元であると偽った電子メールを送ってくるケースがある。この電子メールは、組み込みのリンクをクリックして、パスワードを変更するようユーザに求める内容になっている。電子メール内のリンクは、マスタパスワードを盗み出すための不正な Web サイトに接続されるようになっているため、この電子メールに組み込まれたリンクは、絶対にクリックしてはならない。ユーザはパスワード リマインダにも注意する必要があり、そこからパスワードがわかってしまうものを使用してはならない。最も重要なのは、多要素認証が可能な Web サイトでは、サイトの利用時にそれを有効にしておくことである。
　ユーザとサービス プロバイダーの両方が適切なツールを活用し、適切な手順に従ってユーザの情報を保護すれば、セキュリティ侵害が発生してもユーザのデータを守ることができる。

9.『サイバーセキュリティと情報倫理』

1.2.2.3 セキュリティ侵害の例 2

　子供向けのハイテク玩具メーカーである Vtech 社は、2015 年 11 月にデータベースがセキュリティ侵害を受けた。この侵害は、子供を含む世界中の数百万人の顧客に影響を及ぼす可能性があった。そして実際、データ漏洩によって顧客の名前、電子メールアドレス、パスワード、写真、およびチャットのログを含む機密情報が外部に漏れてしまうという事態に発展した。

　ハッカーの新たなターゲットとなったのは、おもちゃのタブレットだった。多くのユーザは、このタブレットで写真を共有し、チャット機能を使用していたが、情報が適切に保護されておらず、同社の Web サイトはセキュアな SSL 通信をサポートしていなかった。このセキュリティ侵害により、クレジット カード情報や個人の ID データが流出することはなかったものの、ハッキングに対する懸念が非常に大きかったため、同社は株式取引の停止処分を受けた。

　Vtech 社は顧客の情報を適切に保護しておらず、セキュリティ侵害を受けたときにその事実が明らかになった。同社は顧客にパスワードをハッシュ化していると伝えていたものの、ハッカーはそれを解読することができた。データベース内のパスワードは、MD5 ハッシュ関数を使用して暗号化されていたが、プレーン テキストのセキュリティに関する質問と回答が盗み出されていた。不運なことに MD5 ハッシュ関数には既知の脆弱性があり、ハッカーは事前に計算した数百万のハッシュ値を比較することで、元のパスワードを特定できたのである。

　サイバー犯罪者は、このデータ漏洩で外部に漏れた情報を元に電子メール アカウントを作成してクレジットを申請し、子供たちが学校に通える年齢になるまで犯罪を重ねることができた。多くのユーザが複数の Web サイトとアカウントでパスワードを使い回していることから、サイバー犯罪者は、こうした子供たちの親のオンライン アカウントを乗っ取ることが可能だった。

　Vtech 社が株式取引の停止処分を受けたときに述べていたように、このセキュリティ侵害は、顧客のプライバシーに影響を及ぼしただけでなく、同社のレピュテーションを低下させた。親にとってこの侵害は、オンラインでの子供のプライバシーに一層気を配り、子供向けの製品のセキュリティの強化を求めなければならないという警鐘を鳴らす事件となった。サイバー攻撃が進化する中、ネットワークに接続する製品を製造しているメーカーは、現在および将来にわたって、これまでより積極的に顧客のデータとプライバシーの保護に取り組む必要がある。

1.3 攻撃者とサイバーセキュリティの諸問題
1.3.1 攻撃者のプロファイル
1.3.1.1 攻撃者の種類

攻撃者とは、個人的利益または財務利益を得ることを目的に脆弱性を悪用しようと試みる個人、もしくはグループを指す。攻撃者は、クレジット カードから製品設計、何らかの価値を持つものに至るまで、あらゆるものに関心を持っている。

1.3.1.1.1 アマチュア

スクリプト キディと呼ばれることがあるこれらの人物は通常、スキルをほとんど、またはまったく持たない攻撃者で、多くの場合、インターネット上にある既存のツールやインストラクションを使用して攻撃を開始する。アマチュアの中には、興味を持っているだけの人物もいれば、スキルを示して危害を加えようと試みる人物もおり、基本的なツールを使用していても、壊滅的な結果をもたらす可能性がある。

1.3.1.1..2 ハッカー

この攻撃者のグループは、アクセスを目的としてコンピュータやネットワークに侵入する。侵入の目的により、これらの攻撃者はホワイト、グレー、またはブラック ハットに分類される。ホワイト ハット ハッカーは、コンピュータ システムのセキュリティの強化を目的として、脆弱性を特定するために、ネットワークまたはコンピュータ システムに侵入する。こうした侵入は事前に許可を得たうえで行われ、すべての結果が所有者に報告される。一方、ブラック ハット ハッカーは、不正に個人的利益、財産的利益、または政治的利益を得るために、あらゆる脆弱性を利用する。グレー ハット ハッカーは、ホワイト ハット ハッカーとブラック ハット ハッカーの中間に位置する人物で、システムの脆弱性を発見できるスキルを持ち、自身の意図と一致した場合は、システムの所有者に発見した脆弱性を報告することがある。グレー ハット ハッカーの中には、他の攻撃者が悪用できるよう、脆弱性に関する事実をインターネット上に公開するものも存在する。

1.3.1.1.3 組織的ハッカー

これらのハッカーには、サイバー犯罪者の組織、ハクティビスト（別名「政治的ハッカー」）、テロリスト、および国家の支援を受けているハッカーが含

9. 『サイバーセキュリティと情報倫理』

まれる。サイバー犯罪者は通常、支配力、権力、および富の獲得に重点を置く、専門的な犯罪者のグループである。こうした犯罪者は、極めて高い教養を身に付けているうえに高度に組織化されており、サービスとしてサイバー犯罪を他の犯罪者に提供することさえある。ハクティビストは、自身にとって重要な問題に対する意識を高めることを目的として、政治的声明を発信する。国家の支援を受けている攻撃者は、政府に代わって機密情報を収集したり、妨害行為に及んだりする。これらの攻撃者は通常、高度なトレーニングと潤沢な資金を受けており、政府の利益につながる特定の目標に焦点を定めた攻撃を展開する。

1.3.1.2 内部および外部の脅威
1.3.1.2.1 内部のセキュリティに対する脅威

攻撃は組織の内外から行われる可能性があり、従業員や契約パートナーなどの内部ユーザが誤って、または意図的に以下のような行為に及ぶことが考えられる。

- 機密データの取り扱いを誤る
- 内部サーバ、またはネットワーク インフラストラクチャ デバイスの運用を脅かす
- 感染した USB メディアを企業のコンピュータ システムに接続し、外部の攻撃を手助けする
- 悪意のある電子メールや Web サイトを通じ、誤ってネットワークにマルウェアを侵入させる

内部ユーザは建物や建物内のインフラストラクチャ デバイスに直接アクセスできるため、内部の脅威は外部の脅威より大きな損害をもたらす可能性がある。また、従業員は社内ネットワークに関する知識、リソース、および機密データを持ち、ユーザまたは管理者権限のレベルも異なる。

1.3.1.2.2 外部のセキュリティに対する脅威

アマチュア、または高いスキルを持つハッカーによる外部の脅威は、アクセスを目的としてネットワークやコンピューティング デバイスの脆弱性を悪用したり、ソーシャル エンジニアリングを利用したりする場合がある。

1.3.2 サイバーセキュリティにおける法的・倫理的問題
1.3.2.1 サイバーセキュリティにおける法的問題

攻撃を防ぐため、サイバーセキュリティの専門家にはハッカー（特にブラック ハット ハッカー）と同等のスキルが求められる。ハッカーとサイバーセキュリティの専門家の違いの1つとしては、後者が法律の範囲内で活動しなければならない点が挙げられる。

1.3.2.1.1 個人に関する法的問題

従業員でなければ、サイバーセキュリティ法の対象とならないわけではない。私生活においても、他人のコンピュータやネットワークをハッキングしたり、そうしたスキルを身に付けたりすることは可能であるため、古いことわざにあるように、「Just because you can does not mean you should（できるからといってやるべきだということにはならい）」ということを忘れてはならない。ほとんどのハッカーは、知ってか知らずか何らかの足跡を残しており、ハッカーはこうした足跡をたどることができる。

サイバーセキュリティの専門家は、有効活用だけでなく悪用することも可能な多くのスキルを身に付けており、インフラストラクチャ、ネットワーク、およびプライバシーを保護するために、法制度の範囲内で自身のスキルを活用している専門家には、常に高い需要がある。

1.3.2.1.2 企業に関する法的問題

ほとんどの国は、何らかのサイバーセキュリティ法を制定している。それらは重要なインフラストラクチャ、ネットワーク、企業および個人のプライバシーに関連するものとなっており、企業はこうした法律に従う必要がある。

従業員が業務の中でサイバーセキュリティ法に違反すると、場合によっては企業に罰則が科され、従業員は職を失う可能性がある。またそれ以外にも、従業員が起訴されたり、罰金を科されたり、刑罰を受けたりすることもある。

一般的に、特定の行為や行動が違法であるかどうかがわからない場合は、違法であると仮定して実行に移してはならない。企業によっては、違法行為に及んでしまう前に疑問点を解消してくれる法務部門があったり、人事担当者が置かれていたりする。

1.3.2.1.3 国際法とサイバーセキュリティ

サイバーセキュリティ法は、サイバーセキュリティ自体よりはるかに新しい分野であるが、前述のように、ほとんどの国が何らかの法律を制定してお

り、その数は今後も増加すると見られている。

国際的なサイバーセキュリティ法は、まだ登場したばかりで、International Multilateral Partnership Against Cyber Threats（IMPACT）は、サイバー脅威に重点を置いた初の国際的な公共機関と民間企業とのパートナーシップである。効果は、サイバー脅威に対処するためのグローバルな能力の強化に取り組む、世界中の政府、業界、および学術機関で構成されるグローバルなパートナーシップである。

1.3.2.2 サイバーセキュリティにおける倫理的問題

法律の範囲内で活動することに加え、サイバーセキュリティの専門家は倫理的な行動を示す必要がある。

1.3.2.2.1 個人に関する倫理的問題

人は倫理に反する行動を起こしても、起訴されたり、罰金や懲役を科されたりしない場合がある。その理由としては、起こした行動が技術的に違法でなかったことが考えられるが、それが許容できる行動であるということにはならない。倫理的な行動であるかどうかを確認するのは実に簡単で、サイバーセキュリティのスキルを持つ人物が起こしてしまう可能性がある、さまざまな倫理に反する行動は、そのすべてを明らかにすることが可能である。以下の2つの質問を次の各事項について確認していく。

- 誰かが自分のコンピュータに侵入し、ソーシャル ネットワーク サイトの画像を改ざんしたという事実を知りたいと思うか。
- ネットワークの修復を依頼したIT技術者が、作業中にネットワークで得た自分の個人情報を同僚に話したという事実を知りたいと思うか。

これらの質問に対する答えが、いずれも「いいえ」である場合は、他人に対してこのような行動を取ってはならない。

1.3.2.2.2 企業に関する倫理的問題

倫理とは、法律によって強制されることもある行動規準である。サイバーセキュリティには、法律の対象となっていない領域が数多く存在するが、これは今もなお、技術的に合法である行動と倫理的な行動が一致していない場合があることを意味する。サイバーセキュリティの多くの領域が（まだ）法律の対象となっていないことから、業界の数あるIT専門家組織が個人向けの倫理規定を定めている。

9. 『サイバーセキュリティと情報倫理』

1.4 サイバー戦争
1.4.1 サイバー戦争とは

サイバースペースは、国家が従来の軍隊や組織を衝突させることなく争いを繰り広げることができる、戦争行為のもうひとつの重要な側面となっている。そしてこれにより、多くの国家が軍の駐留を最小限に抑え、サイバースペースにおいて他国と渡り合うことが可能な状況が生まれている。サイバー戦争は、他国のコンピュータ システムやネットワークへの侵入を含む、インターネットをベースとした争いである。サイバー戦争の攻撃者は、他国に大規模なインターネット ベースの攻撃を仕掛けて（送電網の停止といった）損害やサービスの中断を引き起こすことができる、リソースと専門知識を有している。

国家の支援を受けている攻撃の例としては、イランの核濃縮施設に損害を与えることを目的に設計されたスタックスネット マルウェアがある。スタックスネット マルウェアは、標的にしたコンピュータを乗っ取って情報を盗み出すものではなく、コンピュータで制御されている物理的な設備に損害を与える設計になっていた。スタックスネットでは、マルウェア内で特定のタスクを実行するようにプログラミングしたモジュール式のコードが使用された。そして、システムが攻撃を正当なものと認識するよう、盗み出したデジタル証明書が使用された。

1.4.2 サイバー戦争の目的

サイバー戦争の主な目的は、敵対関係にある国家または競合相手より優位な立場に立つことにある。国家は継続的に他国のインフラストラクチャに侵入して防衛機密を盗み出し、技術に関する情報を収集することで、産業や軍事力の差を埋めることができる。産業および軍事関連のスパイ行為以外にも、サイバー戦争では、他国のインフラストラクチャが破壊されたり、標的となった国の人命が犠牲になったりすることもある。たとえば、攻撃によって主要都市の送電線が停止するとトラフィックが中断され、財やサービスの交換が行われなくなる。また、患者が緊急時に必要なケアを受けられなくなり、インターネットへのアクセスが中断されることもある。このように、攻撃者は送電線に打撃を与えることにより、一般市民の日常生活に影響を及ぼすことができる。

さらに、攻撃者は機密データを不正に取得し、政府の人員を脅迫することもある。こうした情報を活用することにより、攻撃者は許可されたユーザになりすまし、機密情報や機密設備にアクセスすることが可能である。

政府がサイバー攻撃を防ぐことができなければ、市民は自分たちを保護してくれる政府の能力を信用しなくなる可能性がある。サイバー戦争では、標的とした国家に物理的に攻め入ることなく、国家を不安に陥れて商業を中断

させ、政府に対する市民の信頼に影響を及ぼすことができる。

1.5 まとめ：サイバーセキュリティの必要性

　本章では、サイバーセキュリティの特長と特性、およびサイバーセキュリティの専門家に対する需要が増大し続けている理由について説明した。このコンテンツは、個人が持つオンラインのアイデンティティとデータが、サイバー犯罪者の攻撃対象になりやすい理由を説明するとともに、そうしたアイデンティティとデータを保護する方法について、いくつかのヒントを提供するものとなっている。

　また，本章では、組織データの概要と保管場所、およびそれらを保護しなければならない理由を示すとともに、サイバー攻撃者がどのような人物であり、その狙いがどこにあるのかを説明した。サイバーセキュリティの専門家には、サイバー攻撃者と同等のスキルが必要とされる一方、地域、国内、および国際法の範囲内で活動することが求められる。また、サイバーセキュリティの専門家は、自分のスキルを倫理的に用いる必要がある。

　最後に、本章では、サイバー戦争の概要と国家および政府において市民やインフラストラクチャを保護するためにサイバーセキュリティの専門家が必要である理由も示した。

2 サイバー攻撃：攻撃、概念、技術

概 要

本章では、サイバーセキュリティの専門家がサイバー攻撃後の影響を分析する方法について説明する。また、セキュリティ ソフトウェアおよびハードウェアの脆弱性と、さまざまなカテゴリのセキュリティの脆弱性を取り上げます。さらに、さまざまな種類の悪意のあるソフトウェア（マルウェア）とマルウェアの症状を紹介するとともに、攻撃者がシステムに侵入する際に用いるさまざまなアプローチやサービス妨害（DoS）攻撃についても解説する。最新のサイバー攻撃であると考えられている混合攻撃では、システムに侵入して攻撃を展開するために、複数の技術が使用されます。攻撃を防ぐことができない場合は、サイバーセキュリティの専門家がその攻撃の影響を軽減する役割を担う。

2.2 サイバー攻撃の分析
2.2.1 セキュリティの脆弱性の特定

セキュリティの脆弱性とは、あらゆる種類のソフトウェアまたはハードウェアの不具合を指す。脆弱性を把握した悪意のあるユーザは、これを悪用しようと試みる。エクスプロイトとは、既知の脆弱性を利用するために作成されたプログラムを表す用語である。脆弱性に対してエクスプロイトを使用する行為は、攻撃と呼ばれる。攻撃の目的は、システム、システムがホストするデータ、または特定のリソースにアクセスできるようにすることにある。

2.2.2 セキュリティ脆弱性の種類
2.2.2.1 ソフトウェアの脆弱性

ソフトウェアの脆弱性は通常、オペレーティング システムまたはアプリケーション コードのエラーによってもたらされるもので、企業がソフトウェアの脆弱性の特定とパッチの適用に最善を尽くしても、新たな脆弱性が発生するケースは少なくない。Microsoft 社、Apple 社、およびオペレーティング システムを供給するその他の企業は、ほぼ毎日パッチや更新プログラムをリリースしており、アプリケーションの更新プログラムも多く見られる。また、Web ブラウザなどのアプリケーション、モバイル アプリ、および Web サーバも、それらに責任を持つ企業や組織により頻繁に更新されている。

2015 年には、Cisco IOS に SYNful Knock と呼ばれる深刻な脆弱性が見つかった。攻撃者はこの脆弱性を利用して、シスコのレガシー ルータである Cisco 1841、2811、3825 といったエンタープライズクラスのルータを制御し、すべてのネットワーク通信を監視するとともに、他のネットワーク デバイスを感染させることができた。この脆弱性は、ルータに修正した IOS バージョンをインストールしたときにシステムにもたらされたもので、これを回避するには、常にダウンロードした IOS イメージの完全性を検証し、装置への物

理的なアクセスを許可された人員のみに制限する必要がある。

ソフトウェア アップデートの目的は、ソフトウェアを最新の状態に保ち、脆弱性が悪用される事態を回避することにある。一部の企業では、悪用される前にソフトウェアの脆弱性を調査して特定し、パッチを適用する専任の侵入テスト チームを置くと同時に、サード パーティのセキュリティ調査担当者が、専属でソフトウェアの脆弱性の特定に取り組んでいる。

Google 社の Project Zero はこのような活動の好例で、エンドユーザが使用するさまざまなソフトウェアに多数の脆弱性が見つかった後、同社はソフトウェアの脆弱性の特定に特化したチームを常設した。

2.2.2.2 ハードウェアの脆弱性

多くの場合、ハードウェアの脆弱性はハードウェアの設計上の欠陥によってもたらされる。たとえば、RAM メモリは本来、それぞれが非常に近くに取り付けられるコンデンサであるが、近接していることが原因となり、それらのコンデンサの 1 つに定期的に加えた変更が、近くのコンデンサに影響を与えていた可能性があることがわかった。そしてこの設計上の欠陥をベースに、Rowhammer と呼ばれるエクスプロイトが生み出された。Rowhammer は、同じアドレスのメモリを繰り返し書き換えることにより、近くのアドレスのメモリ セルが保護されていたとしても、そのセルからデータを取得できるようにするエクスプロイトである。

ハードウェアの脆弱性はデバイス モデルに固有のもので、ほとんどの場合、ランダムな不正アクセスの試みの中で悪用されることはない。ハードウェアのエクスプロイトは、高度な標的型攻撃で多く見られるものの、従来のマルウェア保護や物理的セキュリティにより、一般的なユーザを十分に保護できる。

2.2.3 セキュリティの脆弱性の分類

大部分のソフトウェアのセキュリティの脆弱性は、以下のいずれかのカテゴリに分類される。

2.2.3.1 バッファ オーバーフロー

この脆弱性は、バッファの上限を超えてデータの書き込みが行われたときに発生する。バッファは、アプリケーションに割り当てられるメモリ領域である。バッファの上限を超えてデータを変更すると、アプリケーションは他のプロセスに割り当てられたメモリにアクセスするが、それがシステム クラッシュ、データ漏洩、または権限昇格につながることがある。

2.2.3.2 未検証の入力

多くの場合、プログラムはデータを入力することで機能する。このプログラムに入力されるデータには、意図しないプログラムの動作を引き起こすよう設計された、悪意のあるコンテンツが含まれていることがあるため、処理用のイメージを受け取るプログラムについては、考慮が必要である。悪意のあるユーザが不正なイメージ要素を含むイメージ ファイルを作成し、そのような悪意を持って作成された要素により、プログラムを通じて予期せぬ不適切なサイズのバッファが割り当てられる可能性がある。

2.2.3.3 競合状態

この脆弱性は、順序やタイミングが設定された出力によってイベントの出力が決まる場合に発生する。競合状態は、順序やタイミングが設定された必須のイベントが正しい順序、または適切なタイミングで起きない場合に脆弱性の原因となる。

2.2.3.4 セキュリティ手法の脆弱性

システムや機密データは、認証、認可、暗号化などの技術で保護できる。脆弱性をもたらす可能性が高いため、開発者は独自のセキュリティ アルゴリズムの作成を試みてはならない。開発者においては、作成、テスト、および検証済みのセキュリティ ライブラリを使用することが強く推奨される。

2.2.3.5 アクセス制御の問題

アクセス制御は、誰が何を行うのかを制御するプロセスで、その対象は設備に対する物理アクセスの管理から、ファイルなどのリソースにアクセスできるユーザや（ファイルの読み取り、または変更など）各ユーザが行える処理の決定まで多岐にわたる。セキュリティの脆弱性の多くは、アクセス制御の不適切な使用によって生じる。

攻撃者がターゲットの設備に物理的にアクセスできる場合、ほぼすべてのアクセス制御とセキュリティ手法が打ち破られる可能性があり、たとえば、どのようなファイルのアクセス許可を設定していようと、誰かがオペレーティング システムをバイパスして、ディスクから直接データを読み取る行為をオペレーティング システムで防ぐことはできない。マシンとそこに含まれるデータを保護するには、物理アクセスを制限するとともに、暗号化技術を用いてデータを盗難や破損から守る必要がある。

2.2.4 マルウェアの種類と症状

マルウェア（悪意のあるソフトウェア）は、データを盗み出したり、アクセス制御をバイパスしたり、システムに損害をもたらしたり、システムに不正アクセスしたりする目的で使用されることがある、あらゆるコードを指す。以下に一般的ないくつかの種類のマルウェアを示す。

2.2.4.1 スパイウェア

このマルウェアは、ユーザを追跡して偵察することを意図したもので、多くの場合、アクティビティの追跡、キーストロークの収集、データの取得などを目的としている。スパイウェアは、その多くがセキュリティ対策を突破するためにセキュリティ設定を変更するものとなっており、正規のソフトウェアやトロイの木馬とバンドルされている。

2.2.4.2 アドウェア

アドウェアは、広告を自動配信することを目的としたもので、多くの場合、一部のソフトウェア バージョンとともにインストールされます。広告の配信のみを目的としたアドウェアもあるが、スパイウェアとともにインストールされるものも多く見られる。

2.2.4.3 ボット

ロボットという言葉から生まれたボットは、通常オンラインで自動的にアクションを実行することを目的としたものである。ほとんどのボットは無害であるが、ボットネットと呼ばれる悪意のあるボットの利用が増加しつつある。また、攻撃者が命令を出すまでひそかに待機するようプログラミングされたボットにコンピュータが感染することもある。

2.2.4.4 ランサムウェア

このマルウェアは、金銭が支払われるまでコンピュータ システムやそこに含まれるデータを使用できないようにすることを目的としたものである。ランサムウェアは通常、ユーザが知らないキーでコンピュータ内のデータを暗号化する仕組みになっているが、いくつかの他のバージョンのランサムウェアは、特定のシステムの脆弱性を利用してシステムをロックできる。ランサムウェアは、ダウンロードしたファイルや一部のソフトウェアの脆弱性を利用して拡散される。

2.2.4.5 スケアウェア

これは、恐怖心を煽ってユーザに特定のアクションを起こさせることを目的としたマルウェアの一種である。スケアウェアは、オペレーティング システムのダイアログウィンドウに似たポップアップ ウィンドウを開き、システムが危険な状態にあるか、正常な動作に戻すために特定のプログラムを実行する必要があるという偽りのメッセージを表示させる。実際に問題が評価または検出されることはないが、ユーザが同意してメッセージに示されていた実行対象のプログラムを消去すると、そのユーザのシステムはマルウェアに感染する。

2.2.4.6 ルートキット

このマルウェアは、オペレーティング システムに変更を加えてバックドアを作成することを目的としたもので、攻撃者はこのバックドアを使用して、リモートからコンピュータにアクセスできる。ほとんどのルートキットは、ソフトウェアの脆弱性を利用して権限昇格を実行し、システム ファイルを変更する。また、システムのフォレンジックおよびモニタリング ツールを変更し、検出を非常に難しくするルートキットも多く見られる。多くの場合、ルートキットに感染したコンピュータは、ワイプして再インストールする必要がある。

2.2.4.7 ウイルス

ウイルスは、他の実行ファイル（多くの場合、正規のプログラム）に添付される悪意のある実行コードである。大部分のウイルスは、エンドユーザによるアクティベーションを必要とし、特定の時間や日にアクティベートできる。ウイルスは、無害で写真を表示するだけのものもあれば、データを変更したり削除したりなど、破壊的なものも存在する。また、変異して検出されないようにプログラミングされている場合もある。現在のウイルスは、大部分が USB デバイス、光ディスク、ネットワーク共有、または電子メールを介して拡散している。

2.2.4.8 トロイの木馬

トロイの木馬は、目的の操作を装って悪意のある操作を行うマルウェアである。この悪意のあるコードは、それを実行するユーザの権限を悪用する。多くの場合、トロイの木馬はイメージ ファイル、音声ファイル、またはゲームに含まれている。トロイの木馬は、実行ファイル以外にバインドされる点でウイルスとは異なる。

2.2.4.9 ワーム

　ワームは、それぞれがネットワークの脆弱性を悪用して自らを複製する悪意のあるコードである。ワームは通常、ネットワークの速度を低下させる。ウイルスがホスト プログラムの実行を必要とする一方、ワームは単独で動作できる。一度感染してからはユーザの関与を必要とせず、ホストが感染すると、非常に短時間でネットワーク上に広がる。同じようなパターンを共有するワームは、そのすべてが脆弱性を利用して、自らを増殖させることができる。また、すべてにペイロードが含まれている。

　ワームは、インターネット上の最も破壊的な攻撃の原因となっており、2001年には 658 台のサーバが Code Red ワームに感染した。そしてその後 19 時間以内に、ワームに感染したサーバは 30 万台を超えた。

2.2.4.10 中間者（MitM）

　MitM により、攻撃者はユーザに知られることなくデバイスを制御できる。このようなレベルのアクセス権を得ることで、攻撃者は目的の送信先に届く前にユーザの情報を傍受して取得することが可能である。MitM 攻撃は財務情報を盗み出す目的で広く使用されており、攻撃者に MitM 機能を提供するためのマルウェアや技術が数多く存在する。

2.2.4.11 Man-In-The-Mobile（MitMo）

　中間者の一種である MitMo は、モバイル デバイスを制御するために使用される攻撃で、MitMo に感染したデバイスには、ユーザの機密情報を引き出して攻撃者に送信するよう指示することが可能になる。たとえば、MitMo 機能を使用したエクスプロイトの ZeuS により、攻撃者はユーザに送信される 2 段階認証の SMS メッセージをひそかに盗み出すことができる。

2.2.4.12 マルウェアの症状

　システムに感染したマルウェアの種類にかかわらず、一般的なマルウェアの症状としては以下のようなものが挙げられる。
・CPU の使用率が上昇する。
・コンピュータの速度が低下する。
・コンピュータが頻繁にフリーズ、またはクラッシュする。
・Web の閲覧速度が低下する。
・ネットワーク接続で説明できない問題が発生する。
・ファイルが変更される。

・ファイルが削除される。
・不明なファイル、プログラム、またはデスクトップ アイコンが現れる。
・不明なプロセスが実行される。
・プログラムが止まるか、プログラムの再構成が行われる。
・ユーザが知らないうちに、またはユーザの同意なしに電子メールが送信される。

2.2.5 侵入の方法
2.2.5.1 ソーシャルエンジニアリング

　ソーシャル エンジニアリングは、ユーザを操って行動を起こさせたり、機密情報を漏洩させたりしようとするアクセス攻撃である。多くの場合、ソーシャル エンジニアは、役に立とうとする人の気持ちを利用するが、その弱みにも付け込む。たとえば、攻撃者が権限のある従業員に電話を掛け、すぐにネットワークにアクセスしなければならない緊急の問題が発生したと伝える、といったことが考えられる。攻撃者は、従業員の虚栄心に訴えかけたり、ネームドロッピング技術を用いて権威を引き合いに出したり、従業員の欲に訴えかけたりする場合がある。
ソーシャル エンジニアリング攻撃には、以下のような種類がある。
・プリテキスティング：これは、攻撃者が個人に電話を掛けて嘘をつき、権限が必要なデータにアクセスしようと試みる行為を指す。一例としては、攻撃者が受取人のアイデンティティを確認するために、個人データや財務データが必要であると偽るケースが挙げられる。
・テールゲーティング：これは、攻撃者が権限を持つ人物の後を追って素早くセキュリティを確保した場所に入り込む行為を指す。
・見返り：これは、攻撃者が何か（景品など）の見返りに相手に個人情報を要求する行為を指す。

2.2.5.2 Wi-Fi パスワード クラッキング

　Wi-Fi パスワード クラッキングは、ワイヤレス ネットワークの保護に使用されているパスワードを特定するプロセスである。パスワード クラッキングでは、以下のような技術が使用される。
　ソーシャル エンジニアリング：攻撃者が、パスワードを知る人物を操ってパスワードを提供させる方法である。
　ブルートフォース アタック：攻撃者が、パスワードを特定しようとして考えられる複数のパスワードを試行する。たとえば、パスワードが 4 桁の数字の場合、攻撃者は 1 万のすべての組み合わせを試す必要がある。通常、ブルートフォース アタックでは単語リスト ファイルが使用されるが、これは辞書か

9.『サイバーセキュリティと情報倫理』

ら取得した単語のリストを含むテキスト ファイルである。このとき、プログラムによって各単語と一般的な組み合わせが試行される。ブルートフォース アタックは時間がかかるため、複雑なパスワードは特定までの時間がかなり長くなる。パスワードを特定するブルートフォース ツールには、Ophcrack、0phtCrack、THC Hydra、RainbowCrack、Medusa などがある。

ネットワーク スニッフィング：パスワードを暗号化されていない状態（プレーン テキスト）で送信した場合、攻撃者はネットワークで送信されるパケットをリスンしてキャプチャすることにより、パスワードを特定できる。また、暗号化されていても、攻撃者はパスワード クラッキング ツールを使用してパスワードを解読することが可能である。

2.2.5.3 フィッシング

フィッシングは、悪意のある人物が信頼できる正規のソースからのものであると偽った、不正な電子メールを送信する行為を指す。このメッセージの目的は、受信者をだましてデバイスにマルウェアをインストールさせたり、個人情報や財務情報を共有させたりすることにある。フィッシングの例としては、ユーザにリンクをクリックして賞品を獲得するよう求める、小売店から送られてきたものであるかのように装った電子メールが挙げられます。このようなリンクをクリックすると、個人情報を求める偽のサイトが表示されたり、ウイルスがインストールされたりすることがある。

スピア フィッシングは、高度な標的型フィッシング攻撃である。フィッシングとスピア フィッシングではいずれも、電子メールを使用してターゲットに接触するが、スピア フィッシングの電子メールは特定の人物に合わせてカスタマイズされており、攻撃者は、ターゲットが何に興味を持っているのかを調査してから電子メールを送信する。たとえば、ターゲットが車に興味を持っており、特定のモデルの車を購入したいと考えていることがわかると、攻撃者はターゲットが参加している車のディスカッション フォーラムに入り込んで、車の販売に関する嘘の案内を行い、ターゲットに電子メールを送る。この電子メールには、車の写真が表示されるリンクが含まれており、ターゲットがリンクをクリックすると、ターゲットのコンピュータにマルウェアがインストールされる。

2.2.6 脆弱性の悪用

脆弱性の悪用は、侵入に用いられるもう 1 つの一般的な手法である。攻撃者はコンピュータをスキャンして、それらに関する情報を取得する。以下に脆弱性を悪用する手法の一般的な例を示す。

手順 1：ターゲット システムの情報を収集する。これは、ポート スキャナや

ソーシャル エンジニアリングなど、さまざまな方法で行われる。ここでの目的は、ターゲット コンピュータに関するできる限り多くの情報を得ることにある。

手順 2：手順 1 で得た関連情報には、オペレーティング システムやそのバージョン、およびそこで実行されているサービスのリストなどが含まれている場合がある。

手順 3：ターゲットのオペレーティング システムとそのバージョンがわかると、攻撃者はその OS バージョンや他の OS サービスに固有の既知の脆弱性を探る。

手順 4：脆弱性が見つかった場合、攻撃者はこれまでに作成された利用可能なエクスプロイトを探す。作成されたエクスプロイトがなければ、攻撃者はエクスプロイトの作成を検討することもある。

高度で連続的な脅威（APT）：侵入を可能にする 1 つの方法として、Advanced Persistent Threat（APT）がある。APT は、特定のターゲットに対して多面的、長期的、かつひそかに行われる高度な処理で構成されます。複雑で高いスキルが必要とされることから、通常潤沢な資金を受けて行われる APT は、ビジネス上の理由、または政治的な理由で組織や国家を標的とする。

通常ネットワークベースのスパイ行為に関連する APT の目的は、カスタマイズしたマルウェアを 1 つ、または複数のターゲットのシステムに展開し、それが検出されないようにすることにある。複数のデバイスに影響を与えて特定の機能を実行する、多面的な処理とカスタマイズしたいくつかの種類のマルウェアが用いられるため、多くの場合、個人の攻撃者のスキルセットやリソースでは APT を実行できず、またそれを継続させることもできない。

2.2.7 サービス拒否（DoS）
2.2.7.1 DoS

サービス妨害（DoS）攻撃はネットワーク攻撃の一種で、ユーザ、デバイス、またはアプリケーションに対するネットワーク サービスを何かしらの形で妨害する。DoS 攻撃には大きく分けて以下の 2 種類がある。

1）大量のトラフィックの送信：これは、ネットワーク、ホスト、またはアプリケーションに対して、それらが処理できない速度で大量のデータを送信する行為である。これにより、伝送速度や応答速度が低下するか、デバイスまたはサービスがクラッシュする。

2）悪意のある形式のパケットの送信：これは、ホストやアプリケーションに悪意のある形式のパケットを送信し、受信者がそれを処理できないようにする行為である。たとえば、攻撃者がアプリケーションで特定できないエラーを含むパケットや、不適切な形式のパケットを転送することにより、受信側のデバイスの動作が非常に遅くなったり、デバイスがクラッシュしたりする。DoS 攻撃は容易に通信を遮断し、時間とコストの面で多大な損失をもたらす

9. 『サイバーセキュリティと情報倫理』

可能性があるため、重大なリスクと考えられている。
　これらの攻撃は、スキルの低い攻撃者でも比較的容易に実行できる。

2.2.7.2 DDoS

　分散型 DoS（DDoS）攻撃は、DoS 攻撃に似ているが、複数の組織的なソースから実行される。一例として、DDoS 攻撃は以下のように展開される。
　攻撃者が、ボットネットと呼ばれる感染したホストのネットワークを構築する。感染したホストはゾンビと呼ばれ、ハンドラ システムで制御される。ゾンビ コンピュータが継続的にホストをスキャンして感染を拡大させ、ゾンビの数を増やす。そして、準備が整った時点でハッカーがハンドラ システムに指示を出し、ゾンビのボットネットに DDoS 攻撃を実行させる。

2.2.7.3 SEO ポイズニング

　Google などの検索エンジンは、ユーザの検索クエリに基づいてページをランク付けし、関連する結果を表示する仕組みになっている。Web サイトのコンテンツの関連性により、検索結果のリストの表示順は上下する場合がある。SEO（検索エンジンの最適化）は、検索エンジンによる Web サイトのランクを向上させる目的で使用する一連の技術を指す。多くの合法的な企業が Web サイトを最適化してランクを向上させることに力を注ぐ一方、悪意のあるユーザが、検索結果の上位に悪意のある Web サイトを表示させるために SEO を利用しているケースもあり、こうした技術は、SEO ポイズニングと呼ばれている。
　SEO ポイズニングの最も一般的な目的は、マルウェアをホストする悪意のあるサイトへのトラフィックを増やしたり、ソーシャル エンジニアリングを実行したりすることにある。検索結果における悪意のあるサイトのランクを向上させるため、攻撃者は人気の検索ワードを利用する。

2.3 サイバーセキュリティの大勢
2.3.1 混合攻撃とは

　混合攻撃は、複数の技術を使用してターゲットに侵入する攻撃である。複数の攻撃技術を同時に使用することにより、攻撃者はワーム、トロイの木馬、スパイウェア、キーロガー、スパム、およびフィッシング スキームを融合したマルウェアを展開する。こうした混合攻撃のトレンドに伴って、さらに複雑なマルウェアが登場し、ユーザ データに対するリスクが高まっている。
　最も一般的な種類の混合攻撃では、マルウェアやスパイウェアをひそかにコンピュータにダウンロードするリンクを拡散するために、スパム メール、

インスタント メッセージ、または正規の Web サイトが利用されている。また、広く見られる別の混合攻撃では、DDoS とフィッシング メールを組み合わせた手法が用いられている。このようなケースでは、たとえば最初に人気のある銀行の Web サイトを停止させ、銀行の顧客に迷惑をかけていることを詫びる電子メールを送信するために DDoS が使用される。この電子メールは、実際のログイン情報を盗み出すことができる、偽物の緊急用のサイトにユーザを誘導するようにもなっている。

以下に示すように、Nimbda、Code Red、BugBear、Klez、スラマーなどの非常に大きな損害をもたらすコンピュータ ワームの多くは、どちらかと言えば混合攻撃に分類される。

・Nimbda の一部のバリアントでは、拡散の手法として、電子メールの添付ファイル、感染した Web サーバからのファイル ダウンロード、および Microsoft のファイル共有（匿名共有など）が利用された。
・Nimbda の他のバリアントでは、システムのゲスト アカウントを変更し、攻撃者や悪意のあるコードに管理者権限を提供することができた。

最近検出された Conficker および ZeuS/LICAT ワームも混合攻撃で、Conficker では従来の拡散手法が用いられていた。

2.3.2 影響の軽減とは

成功を収めている今日の企業の大多数は、一般的なセキュリティの問題を認識し、その防止にかなりの労力を費やしているが、どのセキュリティ手法も 100 ％効率的であるとは言えない。目標が大きくなるとセキュリティ侵害が発生する可能性が高くなるため、企業や組織は損害を抑制する体制も整えなければならない。

重要なのは、セキュリティ侵害の影響が技術的側面、データの盗難、またはデータベースや知的財産に対する損害に関わるだけでなく、企業のレピュテーションの低下にもつながるという事実を理解しておくことである。データ漏洩への対応は、非常に動的なプロセスとなる。

多くのセキュリティ エキスパートによると、セキュリティ侵害が特定された場合、企業は以下のような重要な措置を取る必要がある。

・問題が発生したことを伝える。内部に関しては、従業員に問題を伝え、行動を求める必要がある。外部に関しては、直接の連絡と公式発表を通じ、顧客に情報を伝える必要がある。このような状況では、コミュニケーションを通じて透明性を確保することが極めて重要である。
・会社側に過失がある場合は、誠意を持って責任を果たす。
・詳細を伝える。そのような状況になった理由と何が漏洩したのかを説明する。また、影響を受けた顧客の個人情報の盗用を防止するためのサービスのコストを会社側が引き受けることが望まれる。

9. 『サイバーセキュリティと情報倫理』

・セキュリティ侵害が発生し、それが拡大した原因を把握する。必要に応じて調査のエキスパートに調査を依頼し、詳細を確認する。
・調査で得た情報を活用し、将来同じようなセキュリティ侵害が起きないよう対策を講じる。

2.4 まとめ：攻撃、概念、技術

　本章では、サイバーセキュリティの専門家がサイバー攻撃後の影響を分析する方法について説明した。また、セキュリティ ソフトウェアおよびハードウェアの脆弱性と、さまざまなカテゴリのセキュリティの脆弱性についても取り上げた。
　さらに、さまざまな種類の悪意のあるソフトウェア（マルウェア）とマルウェアの症状を紹介するとともに、ウイルス、ワーム、トロイの木馬、スパイウェア、アドウェアなどのいくつかのマルウェアについて述べた。
この他にも、ソーシャル エンジニアリング、Wi-Fi パスワード クラッキング、フィッシング、脆弱性の悪用といった、攻撃者がシステムに侵入する際に使用できるさまざまな手法や各種の DoS 攻撃についても説明した。
　混合攻撃では、システムに侵入して攻撃を展開するために、複数の技術が使用される。Nimbda、Code Red、BugBear、Klez、スラマーなどの非常に大きな損害をもたらすコンピュータ ワームの多くは、どちらかと言えば混合攻撃に分類される。攻撃を防ぐことができない場合は、サイバーセキュリティの専門家がその攻撃の影響を軽減する役割を担う。

9.『サイバーセキュリティと情報倫理』

3 データとプライバシーの保護

概 要

この章では、主に個人デバイスと個人データについて説明する。これには、デバイスの保護、強力なパスワードの作成、およびワイヤレスネットワークの安全な使用に関するヒントが含まれます。また、データの安全な保持方法についても説明する。オンライン データは、サイバー犯罪者に狙われています。データを安全に保持するために役立つ認証技術について、この章で簡単に説明する。また、オンライン データのセキュリティを強化する方法についても説明し、オンラインで行うべきことと行うべきでないことに関するヒントも提供する。

3.1 データの保護
3.1.1 デバイスとネットワークの保護
3.1.1.1 コンピューティング デバイスの保護

コンピューティング デバイスは、データの保存場所であるとともに、オンライン活動の入り口になっている。次のショート リストは、コンピューティング デバイスを侵入から保護するために実行できる手順を示している。

・ファイアウォールを常に有効にする：ハッカーによる個人データまたは企業データへのアクセスを防ぐには、ソフトウェア ファイアウォールであれルータ上のハードウェア ファイアウォールであれ、ファイアウォールを有効にして更新する必要がある。Windows の各バージョンのファイアウォールを有効にする。Mac OS X デバイスのファイアウォールも有効にする。

ウイルス対策/スパイウェア対策ソフトウェアを使用する：悪意のあるソフトウェア（ウイルス、トロイの木馬、ワーム、ランサムウェア、スパイウェアなど）は、コンピュータやデータにアクセスするために、許可なくコンピューティングデバイスにインストールされる。ウイルスは、データを破棄したり、コンピュータの動作速度を低下させたり、コンピュータを乗っ取ったりする可能性がある。ウイルスがコンピュータを乗っ取ると、たとえば、スパム送信者がユーザのアカウントを使用して大量の電子メールを送信することが可能になる。スパイウェアは、オンライン活動をモニタしたり、個人情報を収集したり、オンライン時に Web ブラウザに不要なポップアップ広告を表示したりする可能性がある。スパイウェアの侵入を最初の段階で阻止するための優れたルールは、信頼できない Web サイトからソフトウェアをダウンロードしないことである。アンチウイルスソフトウェアは、コンピュータと着信した電子メールをスキャンしてウイルスを検出し、それらを削除するように設計されている。アンチウイルス ソフトウェアは、スパイウェア対策機能も備えていることがある。最新の悪意のあるソフトウェアからコンピュータを保護するには、アンチウイルスソフトウェアを最新の状態に維持しておかなければならない。

オペレーティング システムとブラウザを管理する：ハッカーは、常に、オペ

159

9. 『サイバーセキュリティと情報倫理』

レーティング システムや Web ブラウザの脆弱性を利用しようとしている。コンピュータとデータを保護するには、コンピュータとブラウザのセキュリティ設定を「中」以上のレベルに設定する。コンピュータのオペレーティングシステム（Web ブラウザを含む）を更新し、ベンダーから最新のソフトウェアパッチとセキュリティ更新を定期的にダウンロードしてインストールする。
すべてのデバイスを保護する：不正アクセスを防止するには、使用しているコンピューティング デバイス（PC、ラップトップ、タブレット、スマートフォンなど）をパスワードで保護する必要がある。保存している情報（特に機密データ）は暗号化する必要がある。モバイルデバイスの場合は、外出時のデバイスの盗難や紛失に備えて、必要な情報のみを保存する。犯罪者は、いずれかのデバイスに不正アクセスすると、クラウドストレージサービスプロバイダー（iCloud、Google ドライブなど）を介してすべてのデータにアクセスする可能性がある。

　IoT デバイスは、他のコンピューティング デバイスよりも大きなリスクにさらされている。デスクトップ、ラップトップ、およびモバイルプラットフォームが頻繁にソフトウェア・アップデートを受信するのに対して、大半の IoT デバイスは元のファームウェアを搭載し続けている。ファームウェアに脆弱性が見つかっても、多くの場合、IoT デバイスはその脆弱性を持ち続けている。さらに悪いことに、多くの IoT デバイスが、自宅の電話に発信したり、インターネットアクセスを必要としたりするように設計されている。インターネットに接続するために、大半の IoT デバイス製造者は顧客のローカルネットワークに依存している。これらのことから、IoT デバイスは侵入される可能性が非常に高く、侵入されると顧客のローカルネットワークおよびデータへのアクセスが可能になる。このシナリオからユーザのデータを保護する最善の方法は、IoT デバイスに分離したネットワークを使用させ、そのネットワークを他の IoT デバイスのみと共有させることである。

3.1.1.2 ワイヤレス ネットワークの安全な使用

　ワイヤレス ネットワークを使用すると、サービスセット識別子（SSID）と呼ばれるネットワーク ID によって Wi-Fi 対応 デバイス（ラップトップ、タブレットなど）をネットワークに接続できる。侵入者がホーム ワイヤレス ネットワークへ侵入するのを防止するために、プリセットされた SSID と、ブラウザベース管理インタフェースのデフォルトパスワードを変更する必要がある。このタイプのデフォルト アクセス情報はハッカーに知られてしまっている。さらに、ワイヤレスルータでワイヤレス セキュリティと WPA2 の暗号化機能を有効にして、ワイヤレス通信を暗号化する必要がある。必要に応じて、SSID をブロードキャストしないようにワイヤレス ルータを設定することもできる。これにより、ネットワーク検出に対する防壁を強化できるが、これがワイヤレス ネットワークの十分なセキュリティを意味するもので

9. 『サイバーセキュリティと情報倫理』

はない。

　外出時には、公共の Wi-Fi ホットスポットを使用してオンライン情報や Web サイトにアクセスできる。ただし、公共のワイヤレス ネットワークを介して機密性の高い個人情報にアクセスしたり，それらの情報を送信したりすることはやめておいた方がいい。コンピュータがファイルやメディアを共有する設定になっているかどうかを確認し、ユーザ認証と暗号化が必要な状態にしておく。公共のワイヤレス ネットワークを使用する際に情報の傍受（いわゆる「盗聴」）を防止するには、暗号化された VPN トンネルやサービスを使用する。VPN サービスでは、コンピュータと VPN サービスプロバイダーの VPN サーバの暗号化接続により、インターネットへの安全なアクセスが提供される。暗号化された VPN トンネルにより、データ伝送が傍受されても解読できない。

　多くのモバイル デバイス（スマートフォン、タブレットなど）は、Bluetooth ワイヤレス プロトコルを備えている。この機能により、Bluetooth 対応デバイスは相互接続され、情報を共有できる。残念ながら、Bluetooth は、ハッカーによって一部のデバイスでの盗聴、リモート アクセス制御の確立、マルウェアの拡散、およびバッテリ消耗のために悪用される可能性がある。これらの問題を回避するためには、Bluetooth を使用していないときに必ず Bluetooth をオフにしたほうがいい。

3.1.1.3 オンラインアカウント毎の固有パスワードの設定

　多くのユーザは複数のオンライン アカウントを持っており、各アカウントには固有のパスワードを使用する必要がある。このため、多くのパスワードを覚えることになる。しかし、固有の強力なパスワードを使用しないと、デバイスやデータが犯罪者に対して脆弱性を持つことになるからだ．すべてのオンライン アカウントに同じパスワードを使用することは、施錠できるすべてのドアに同じ鍵を使用するようなものであえる。そのパスワードを攻撃者が発見すると、ユーザが所有するすべてのものにアクセスされてしまう。犯罪者は、たとえば、フィッシングによってパスワードを取得すると、このユーザの他のオンラインアカウントにも侵入しようとする。すべてのアカウントに 1 つのパスワードだけを使用している場合、この犯罪者はすべてのアカウントに侵入し、すべてのデータを盗んだり盗聴したりするだけでなく、このユーザになりすますことも可能になるからだ。

　私たちはパスワードが必要なオンライン アカウントを多数使用しており、パスワードが多過ぎて覚えられないこともある．同じパスワードの使用や脆弱なパスワードの使用を避けるための解決策の一つは、パスワード マネージャを使用することである。パスワードマネージャは、異なる複雑なパスワードのすべてを保存して暗号化する。そして、オンライン アカウントへの自動ログインを支援することができる。ユーザは、パスワード マネージャにアクセ

9.『サイバーセキュリティと情報倫理』

スしてすべてのアカウントとパスワードを管理するためのマスター パスワードを覚えるだけで済むことになる。

適切なパスワードを選択するためのヒント：

- いかなる言語でも辞書の用語や名前は使用しないでください。
- 辞書の用語のよくあるつづりの間違いは使用しないでください。
- コンピュータ名やアカウント名は使用しないでください。
- 可能であれば、! @ # $ % ^ & * ( ) のような特殊文字を使用する。
- 10 文字以上のパスワードを使用する。

3.1.1.4 パスフレーズの使用

コンピューティング デバイスへの不正な物理アクセスを防止するには、パスワードではなくパスフレーズを使用したほうがいい。パスフレーズは一般に単語ではなく文の形式であるため、長いものを作成することがパスワードよりも簡単である。パスフレーズは、長いものほどディクショナリ アタックやブルートフォース アタックに対する脆弱性が小さくなるからである。さらに、特にパスワードを頻繁に変更する必要がある場合には、パスフレーズの方が覚えやすく作成できる可能性がある。次に、適切なパスワードやパスフレーズを選択するためのいくつかのヒントを示すことにする。

適切なパスフレーズを選択するためのヒント：

- ユーザにとって意味のある表現を選択する。
- ! @ # $ % ^ & * ( ) のような特殊文字を追加する。
- 長いほど優れている。
- 一般的な表現や有名な表現（流行歌の歌詞など）は使用しないこと。

コンピュータやネットワーク デバイスへのアクセスがセキュリティ保護されている場合でも、データを保護/維持することも重要である。

3.1.2 データの管理
3.1.2.1 データの暗号化

データは常に暗号化する必要がある。秘密にすることも隠すこともないので暗号を使用する理由がないと思う場合もあるかもしれない。あるいは、ユーザのデータを必要とする人物はいないと思う場合があるかもしれない。多くの場合、それらの考えは正しいとは思われない。すべての写真やドキュメントを他人に見られても平気だろうか。コンピュータに保存している財務情報を友人と共有できるだろうか。電子メールやアカウント パスワードを公開しても問題はないのだろうか。

データを暗号化していない場合、悪意のあるアプリケーションがコンピュー

タやモバイルデバイスに感染し、潜在的に価値のある情報（アカウント番号とパスワード、その他の公文書など）が盗まれると、非常に大きな問題になる可能性がある。このような情報が ID 窃盗、詐欺、身代金要求などにつながる場合もある。犯罪者がユーザのデータを盗まずに暗号化し、身代金を払うまで使用不能にする場合もある。

　暗号化とは、権限のない人物が読み取ることのできない形式に情報を変換するプロセスのことである。秘密キーまたはパスワードを持つ、許可を受けた信頼されている人物のみがデータを復号化し、元の形式にアクセスできます。暗号化自体は、データの傍受を防止するためのものではない。暗号化は、権限のない人物によるコンテンツの表示やアクセスのみを防止できる。

　ファイル、フォルダ、およびドライブ全体の暗号化にはソフトウェア プログラムが使用される。暗号化ファイルシステム（Encrypting File System、EFS）は、データを暗号化できる Windows の機能である。EFS は、特定のユーザ アカウントに直接結び付いている。EFS を使用してデータを暗号化すると、暗号化したユーザだけがそのデータにアクセスできる。どの バージョンの Windows でも、EFS を使用してデータを暗号化するには、次の手順を実行する。

手順 1：1 つまたは複数のファイルまたはフォルダを選択する。
手順 2：選択したデータを右クリックして、[プロパティ（Properties）] をクリックする。
手順 3：[詳細設定（Advanced）] をクリックする。
手順 4：[内容を暗号化してデータをセキュリティで保護する（Encrypt contents to secure data）] チェックボックスをオンにする。
手順 5：EFS で暗号化されたファイルやフォルダは、緑色で表示される。

3.1.2.2 データのバックアップ

　　ハードドライブは故障することがある。ラップトップは紛失することがある。スマートフォンは盗まれることがある。重要なドキュメントのオリジナルバージョンを消去することもある。バックアップを作成しておけば、かけがえのないデータ（家族の写真など）を失わずにすむ可能性がある。データを適切にバックアップするには、データの追加の保存場所を用意し、その場所にデータを定期的かつ自動的にコピーする必要がある。

　ファイルをバックアップするための追加の保存場所としては、ホーム ネットワーク上、予備の保存場所、クラウド内などが考えられます。データのバックアップをローカルに保存すると、完全に制御できます。すべてのデータをシンプルな外部ハード ドライブであるネットワーク アタッチド ストレージ（NAS）デバイスにコピーすることもできる、いくつかの重要なフォルダのみを選択してサム ドライブ、CD/DVD、テープなどにバックアップすることもできる。このシナリオでは、ユーザが所有者であり、ストレージ デバイス

設備のコストとメンテナンスに関してユーザが全面的に責任を持つことになる。クラウド ストレージ サービスを利用する場合は、必要なストレージの総容量によってコストが決まる。Amazon Web Services（AWS）などのクラウド ストレージ サービスでは、アカウントにアクセスできるときには、バックアップ データにアクセスできる。オンライン ストレージ サービスを利用する場合は、ストレージと常時オンライン データ転送のコストのために、バックアップするデータをさらに絞り込む必要がある。代替の場所にバックアップを保存するメリットの一つは、火災や盗難といった、ストレージ デバイスの故障以外の災害に対しても安全である。

3.1.2.3 データの完全な削除

　ファイルをごみ箱に移動し、ファイルを完全に削除しても、ファイルはオペレーティング システムからアクセスできなくなるだけである。ハード ドライブには磁気トレースが残っているため、適切なフォレンジック ツールを使用すれば依然として誰でもファイルを回復できる。

　回復できないようにデータを消去するには、データを 1 と 0 で何度も上書きする必要がある。削除されたファイルの回復を防止する場合、そのために特別に設計されたツールを使用する必要がある可能性もある。Microsoft 提供の SDelete プログラム（Windows Vista 以降）は、機密ファイルを完全に排除する機能を備えていると言われている。Linux 用の Shred や Mac OSX 用の Secure Empty Trash も同様のサービスを提供するツールである。

　データやファイルを確実に回復不能にする唯一の方法は、ハード ドライブまたはストレージ デバイスを物理的に破壊することである。これで、多くの犯罪者は愚かにも、彼らのファイルがアクセス不能または回復不能になったと考えるようになる。

　ローカル ハード ドライブにデータを保存するだけでなく、クラウドにオンラインでデータを保存する場合もある。これらのコピーも削除する必要がある。自分のデータをどこに保存しているか思い出してみる。それらのデータをどこかにバックアップしているか。それらのデータを暗号化しているか。データを削除したりハード ドライブやコンピュータを廃棄したりする必要がある場合は、それらのデータが悪人の手に渡らないように安全防護対策を施したか自問してみる。

3.2 オンラインプライバシーの安全防護対策
3.2.1 強力な認証
3.2.1.1 二要素認証

　一般的なオンライン サービス（Google、Facebook、Twitter、LinkedIn、Apple、Microsoft など）では、アカウント ログインのセキュリティ層を追加

するために二要素認証が使用されている。ユーザ名とパスワードだけでなく、または個人識別番号（PIN）やパターンだけでなく、二要素認証は次のような 2 つ目のトークンを要求する。

・物理オブジェクト：クレジット カード、ATM カード、電話番号、または小型の認証装置
・バイオメトリック スキャン：指紋、掌紋、顔、または音声認識

　二要素認証を使用しても、ハッカーは依然として、フィッシング アタック、マルウェア、ソーシャル エンジニアリングなどの攻撃によってオンライン アカウントにアクセスできる。

3.2.1.2 OAuth 2.0

　Open Authorization（OAuth）は、ユーザのパスワードを知らせることなく、エンド ユーザのクレデンシャルがサード パーティ製アプリケーションにアクセスできるようにする、オープンな標準プロトコルである。OAuth は、サード パーティ製アプリケーションへのエンドユーザのアクセスを許可するかどうかを決定するための仲介者として機能する。たとえば、XYZ という Web アプリケーションにアクセスしたいのに、この Web アプリケーションにアクセスするためのユーザ アカウントがないとする。しかし、ABC というソーシャル メディア Web サイトのクレデンシャルを使用してログインするオプションが XYZ にあれば、そのソーシャル メディア ログインを使用して Web アプリケーションにアクセスできる。

　この仕組みが機能するために、「XYZ」アプリケーションは「ABC」に登録され、認定アプリケーションになっている。XYZ にアクセスする際は、ABC のユーザ クレデンシャルを使用する。XYZ は、ユーザの代わりに ABC にアクセス トークンを要求する。これで、XYZ にアクセスできるようになる。XYZ はユーザやユーザ クレデンシャルについて何も認識していない。また、このやり取りは、ユーザにはシームレスに実行される。シークレット トークンを使用することにより、悪意のあるアプリケーションがデータや情報を取得することを防止できる。

3.2.2 情報の共有
3.2.2.1 ソーシャルメディアの情報共有

　ソーシャル メディアでプライバシーを維持するには、共有する情報をできるだけ少なくする。生年月日、電子メール アドレス、電話番号のような情報はプロファイルで共有しないようにする。個人情報を知る必要のある人物は、多くの場合、すでにそれらの情報を知っている。ソーシャル メディアのプロファイルでは、すべての項目に記入することはせず、必要最小限の情報のみを

提供する。さらに、ソーシャル メディアの設定を確認して、知っている人物だけがアクティビティを表示したりメッセージを交換できるようにする。オンラインで共有する個人情報が多いほど、より容易に他者によってプロファイルを作成され、オフラインで利用されるようになる。

　オンライン アカウントのユーザ名とパスワードを忘れたことはないか。「母親の旧姓は何であるか」や「生まれた町はどこであるか」といったセキュリティ上の質問は、アカウントを侵入者から保護するために役立つものとして使用されている。ただし、そのアカウントにアクセスしようとする誰もが、インターネットで答えを検索できる。虚偽の答えを覚えていることができるのであれば、これらの質問に虚偽の情報で答えることができる。それらの答えを覚えることができない場合は、パスワード マネージャを使用してそれらの答えを自分で管理できる。

3.2.2.2 電子メールおよび Web ブラウザのプライバシー

　友人との通信やビジネスのために、毎日、何百万通もの電子メール メッセージが使用されている。電子メールは、迅速に相互通信できる便利な手段である。電子メールを送信することは、ハガキを使用してメッセージを送ることと似ていう。ハガキのメッセージは、それを見ることができる人物には丸見えの状態で送信される。電子メール メッセージも、それにアクセスできる人物には読み取ることができるプレーン テキストで送信される。また、これらの通信は、宛先までのルートで、異なるサーバを通過する。電子メール メッセージを削除しても、ある程度の期間は、メールサーバでそのメッセージにアクセスすることができる。

　ユーザのコンピュータ（またはルータ）に物理的にアクセスできる人物は、Web ブラウザの履歴、キャッシュ、または多くの場合にログ ファイルを使用して、ユーザがアクセスした Web サイトを確認できる。この問題は、Web ブラウザでプライベート ブラウジング モードで有効にすることによって最小限に抑えることができる。一般的な Web ブラウザのほとんどで、プライベート ブラウジング モードに固有の名前が使用されている。

- **Microsoft Internet Explorer**：InPrivate
- **Google Chrome**：シークレット
- **Mozilla Firefox**：プライベート タブ/プライベート ウィンドウ
- **Safari**：プライベート ブラウズ

　プライベート モードが有効になっている場合は、Cookie が無効になり、ウィンドウまたはプログラムの終了後にインターネット一時ファイルと閲覧履歴が削除される。

　インターネット閲覧履歴をプライベートにしておけば、他者にオンライン活動に関する情報を収集されたり、ターゲット広告によって商品の購入に誘導されることを防止できる。プライベートブラウジングが有効になっており、

Cookie が無効でも、情報を収集し、ユーザの行動を追跡できるように、企業はユーザの身元を調べるさまざまな方法を開発している。例えば、中間デバイス（ルータ等）にユーザの Web 閲覧履歴情報が残っている場合がある。

最終的には、ユーザの自己責任でデータ、アイデンティティ、およびコンピューティング デバイスを保護する必要がある。電子メールを送信するときに、医療記録を記載する必要があるか。インターネットにアクセスするときには、データ伝送が保護されているか。いくつかの簡単な注意事項に従うだけで、今後は問題を回避できる可能性がある。

3.3 まとめ：データとプライバシーの保護

この章では、主に個人デバイスと個人データについて説明した。これには、デバイスの保護、強力なパスワードの作成、およびワイヤレス ネットワークの安全な使用に関するヒントが含まれる。データのバックアップ、データのストレージ、およびデータの完全な削除について説明した。データを安全に保持するために役立つ認証技術について説明した。ソーシャル メディアで情報を共有し過ぎることがいかに容易に行われるか、またこのセキュリティ リスクを回避する方法についても簡単に説明した。

4 組織の保護

概要

この章では、組織のネットワーク、設備、およびデータを保護するためにサイバーセキュリティのプロフェッショナルが使用するいくつかの技術とプロセスについて説明する。最初に、現在使用されているさまざまなタイプのファイアウォール、セキュリティ アプライアンス、およびソフトウェアについて簡単に説明する（ベスト プラクティスを含む）。次に、ボットネット、キル チェーン、振る舞い検知型のセキュリティ、および NetFlow によるネットワークのモニタリングについて説明する。3 つ目の項では、サイバーセキュリティに対するシスコのアプローチについて説明する（CSIRT チームおよびセキュリティ プレイブックを含む）。この項では、ネットワーク攻撃を検出および防止するためにサイバーセキュリティのプロフェッショナルが使用するツールについて説明する。

4.1 ファイアウォール
4.1.1 ファイアウォールのタイプ

ファイアウォールとは、建物のある箇所から別の箇所に火災が広がらないように設計された壁やパーティションのことである。コンピュータ ネットワークでは、ファイアウォールは、デバイスやネットワークの内部で許可される通信と外部で許可される通信を制御またはフィルタリングするように設計されている。ファイアウォールは、1 台のコンピュータを保護するためにその単一のコンピュータにインストールできる（ホストベースのファイアウォール）。また、ファイアウォールは、コンピュータのネットワーク全体とそのネットワーク上のすべてのデバイスを保護するスタンドアロン型のネットワーク デバイスである場合もある。

コンピュータ攻撃やネットワーク攻撃は年々高度なものになっており、それにつれて、ネットワーク保護のさまざまな目的に使用される新しいタイプのファイアウォールが開発されている。次のリストは、一般的なファイアウォールのタイプを示している。

・ネットワーク層ファイアウォール：送信元と宛先の IP アドレスに基づいてフィルタリングする。

・トランスポート層ファイアウォール：送信元と宛先のデータ ポートに基づいてフィルタリングする。また、接続状態に基づいてフィルタリングする。

・アプリケーション層ファイアウォール：アプリケーション、プログラム、またはサービスに基づいてフィルタリングする。

・コンテキスト認識型アプリケーション ファイアウォール：ユーザ、デバイス、ロール、アプリケーション タイプ、および脅威プロファイルに基づいてフィルタリングする。

・プロキシ サーバ：URL、ドメイン、メディアなどの Web コンテンツの要求をフィルタリングする。

9.『サイバーセキュリティと情報倫理』

・リバース プロキシ サーバ：Web サーバの前に配置され、Web サーバへのアクセスを保護し、隠し、オフロードし、配信する。
・ネットワーク アドレス変換（NAT）ファイアウォール：ネットワーク ホストのプライベート アドレスを隠すかマスカレードする。
・ホストベースのファイアウォール：単一コンピュータ オペレーティング システムでポートおよびシステム サービス コールをフィルタリングする。

4.1.2 ポート スキャニング

　ポート スキャニングは、コンピュータ、サーバ、またはその他のネットワーク ホストの開かれているポートを調べるプロセスである。ネットワークでは、デバイス上で動作する各アプリケーションに、ポート番号と呼ばれる ID が割り当てられる。このポート番号は、正しいデータが正しいアプリケーションに渡されるように、伝送の両端で使用される。ポート スキャニングは、コンピュータ上で動作するオペレーティング システムやサービスを識別するための偵察ツールとして悪用される場合がある。また、ネットワーク管理者は、ネットワークのネットワーク セキュリティ ポリシーを確認するためにポート スキャニングを無害な形で使用できる。

　使用しているコンピュータ ネットワークのファイアウォールおよびポート セキュリティを評価するために、Nmap などのポート スキャニング ツールを使用して、ネットワークの開いているすべてのポートを調べることができる。ポート スキャニングはネットワーク攻撃の先駆けと見なされる場合があるため、インターネット上のパブリック サーバ上で実行したり、ネットワーク企業で許可なく実行したりしないようにする。

　ローカルホームネットワークでコンピュータの Nmap ポート スキャンを実行するには、Zenmap などのプログラムをダウンロードして実行し、スキャンするコンピュータのターゲット IP アドレスを入力してから、デフォルトのスキャンプロファイルを選択してスキャン ボタンを押す。Nmap スキャンでは、動作しているすべてのサービス（Web サービス、メール サービスなど）とポート番号がレポートされる。ポート スキャニングの結果は、一般に、次の 3 つの応答のいずれかになる。

・**Open/Accepted**：ホストが応答し、サービスがポートでリスンしていることを示している。
・**Closed、Denied、Not Listening**：ホストが応答し、接続がポートで拒否されることを示している。
・**Filtered、Dropped、Blocked**：ホストが応答しなかったことを示している。

　ネットワークの外部からネットワークのポート スキャンを実行するには、ネットワークの外部からスキャンを開始する必要がある。これには、ファイアウォールやルータのパブリック IP アドレスに対する Nmap ポート スキャ

169

ンの実行が含まれる。パブリック IP アドレスを調べるには、検索エンジン（Google など）で「what is my ip address」というクエリを使用する。検索エンジンによってパブリック IP アドレスが返される。

4.1.3 セキュリティ アプライアンス

　現在、すべてのネットワーク セキュリティ ニーズを満たす単一のセキュリティ アプライアンスまたは技術要素は存在しない。実装する必要のあるさまざまなセキュリティ アプライアンスおよびツールがあるため、それらすべてを併用できることが重要になる。セキュリティ アプライアンスでは、それがシステムの一部である場合に最も効果を発揮する。

　セキュリティ アプライアンスは、ルータやファイアウォールのようなスタンドアロン デバイス、ネットワーク デバイスに取り付けることができるカード、またはそれ自体がプロセッサおよびキャッシュ メモリを備えたモジュールである場合がある。また、セキュリティ アプライアンスは、ネットワーク デバイス上で動作するソフトウェア ツールである場合もある。セキュリティ アプライアンスは、次の一般的なカテゴリに分類される。

・ルータ：Cisco サービス統合型ルータ（ISR）は、単なるルーティング機能に加えて、トラフィック フィルタリング、侵入防御システム（IPS）実行機能、暗号化、安全な暗号化のための VPN 機能といった多数のファイアウォール機能を備えている。

・ファイアウォール：シスコの次世代ファイアウォールは、ISR ルータのすべての機能に加えて、高度なネットワーク管理および分析機能を備えている。Cisco 適応型セキュリティ アプライアンス（ASA）は、ファイアウォール機能を備えている。

・**IPS**：シスコの次世代 IPS デバイスは、侵入防御専用である。

・**VPN**：シスコのセキュリティ アプライアンスは、バーチャル プライベート ネットワーク（VPN）サーバおよびクライアント技術を備えている。これは、安全な暗号化トンネリング用に設計されている。

・**マルウェア/ウイルス対策**：Cisco Advanced Malware Protection（AMP）は、シスコの次世代ルータ、ファイアウォール、IPS デバイス、および Web/電子メール セキュリティ アプライアンスに組み込まれており、ソフトウェアとしてホスト コンピュータにインストールすることもできる。

その他のセキュリティ デバイス：このカテゴリには、Web/電子メール セキュリティ アプライアンス、復号化デバイス、クライアント アクセス コントロール サーバ、およびセキュリティ管理システムが含まれる。

4.1.4 リアル タイムでの攻撃の検出

ソフトウェアは完全ではない。ソフトウェアの欠陥を開発者が修正する前にハッカーが悪用する場合、それはゼロデイ攻撃と呼ばれる。今日見られるゼロデイ攻撃は高度化し、強力になっているために、多くの場合、ネットワーク攻撃が成功するようになっており、現在では、ネットワークが攻撃にどれだけ迅速に対処できるかで防御の有効性が評価されるようになっている。攻撃の発生をリアルタイムで検出し、即座に（または発生から数分以内に）攻撃を止められることが理想的な目標となっている。残念ながら、現時点では多くの企業や組織で、攻撃が発生してから検出するまでに数日、場合によっては数ヵ月かかっている。

・エッジからエンドポイントまでのリアルタイム スキャニング：攻撃をリアルタイムに検出するには、ファイアウォールおよび IDS/IPS ネットワーク デバイスを使用して攻撃をアクティブにスキャンする必要がある。オンライン グローバル脅威センターに接続された次世代クライアント/サーバ マルウェア検出機能も使用する必要がある。今日のアクティブ スキャニング デバイスおよびソフトウェアは、コンテキストベースの分析および行動検出によってネットワークの異常を検出する必要がある。

・**DDoS 攻撃とリアルタイムの対処**：DDoS は、リアルタイムの検出と応答を必要とする最大の攻撃脅威の一つである。DDoS 攻撃は、攻撃が数百または数千のゾンビ ホストから仕掛けられ、しかもその攻撃が正当なトラフィックのように見えるため、防御することが非常に困難である。多くの企業や組織では、定期的に発生する DDoS 攻撃のために、インターネット サーバおよびネットワークの可用性が損なわれている。DDoS 攻撃をリアルタイムで検出して対処する機能が不可欠である。

4.1.5 マルウェアに対する保護

繰り返されるゼロデイ攻撃や長期にわたってデータを盗む Advanced Persistent Threat（APT）に対してどのように防衛すればいいだろうか。一つの解決策は、リアルタイムのマルウェア検出を実現するエンタープライズレベルの高度なマルウェア検出ソリューションを使用することである。

ネットワーク管理者は、マルウェアの兆候や、APT の存在を示す行動に関して、ネットワークを常にモニタする必要がある。シスコには、何百万ものファイルを分析し、それらを分析済みの何億ものマルウェア アーティファクトと関連付ける、高度なマルウェア防御（AMP）Threat Grid がある。これにより、マルウェアの攻撃、動向、および流通を大局的に把握できる。

AMP は、ホスト エンドポイントにスタンドアロン サーバとして、またはその他のネットワーク セキュリティ デバイスに導入されるクライアント/サーバ ソフトウェアである。

4.1.6 セキュリティのベスト プラクティス

繰り返されるゼロデイ攻撃や長期にわたってデータを盗む Advanced Persistent Threat（APT）に対してどのように防衛すればいいだろうか。一つの解決策は、リアルタイムのマルウェア検出を実現するエンタープライズレベルの高度なマルウェア検出ソリューションを使用することである。

ネットワーク管理者は、マルウェアの兆候や、APT の存在を示す行動に関して、ネットワークを常にモニタする必要がある。シスコには、何百万ものファイルを分析し、それらを分析済みの何億ものマルウェア アーティファクトと関連付ける、高度なマルウェア防御（AMP）Threat Grid がある。これにより、マルウェアの攻撃、動向、および流通を大局的に把握できる。AMP は、ホスト エンドポイントにスタンドアロン サーバとして、またはその他のネットワーク セキュリティ デバイスに導入されるクライアント/サーバ ソフトウェアである。

4.2 サイバーセキュリティへの行動アプローチ
4.2.1 ボットネット

ボットネットは、悪意のある個人やグループによって制御される可能性のある、インターネット経由で接続されたボットのグループである。ボット コンピュータは、通常、Web サイトにアクセスしたり、電子メールの添付ファイルを開いたり、感染したメディア ファイルを開いたりすることで感染する。

ボットネットは、数万、場合によっては数十万のボットによって構成されることがある。これらのボットをアクティブ化することによって、マルウェアを拡散させたり、DDoS 攻撃を実行したり、スパム メールを配信したり、ブルートフォース パスワード アタックを実行したりすることができる。ボットネットは、通常、コマンド & コントロール（C2）サーバを介して制御される。

サイバー犯罪者は、しばしば、不正な目的で使用するサードパーティにボットネットを有料でレンタルする。

4.2.2 サイバー防御におけるキル チェーン

サイバーセキュリティでは、キル チェーンは情報システム攻撃の段階である。Lockheed Martin（ロッキードマーチン）によってインシデントの検出と対応のためのセキュリティ フレームワークとして開発されたサイバー キル チェーンは、次の段階で構成される。

第 1 段階：偵察：攻撃者がターゲットに関する情報を収集する。

第 2 段階：武器化：攻撃者がターゲットに送信する不正な悪意のあるペイロードを作成する。
第 3 段階：配送：攻撃者が、電子メールなどの方法により、不正な悪意のあるペイロードをターゲットに送信する。
第 4 段階：エクスプロイト：エクスプロイトが実行される。
第 5 段階：インストール：マルウェアとバックドアがターゲットにインストールされる。
第 6 段階：コマンド & コントロール（C2）：コマンドとコントロール チャネルまたはサーバによって、ターゲットのリモート コントロールが可能になる。
第 7 段階：実行：攻撃者が悪意のある活動（情報窃盗など）を実行したり、キル チェーンの各段階を繰り返してネットワーク内から他のデバイスに対する追加の攻撃を実行したりする。

キル チェーンに対する防御のために、キル チェーンの段階に合わせてネットワーク セキュリティ防衛が設計されている。これらは、サイバー キル チェーンに基づいた、企業のセキュリティ防衛に関するいくつかの質問である。

・キル チェーンの各段階における攻撃の兆候はどのようなものであるか。
・各ステージの攻撃の兆候を検出するにはどのセキュリティ ツールが必要であるか。
・企業の攻撃検出機能に欠落部分はないか。

Lockheed Martin によると、キル チェーンの段階を理解することにより、同社では、防衛障壁を配備し、攻撃の速度を低下させ、最終的にはデータ損失を防ぐことが可能になった。

4.2.3 振る舞い検知型のセキュリティ

振る舞い検知型のセキュリティは、既知の悪意のあるシグネチャに依存せず、代わりに情報コンテキストを使用してネットワーク内の異常を検出する脅威検出の形式である。振る舞い検知では、ローカル ネットワーク上のユーザとローカルまたはリモート接続先との間の通信の流れをキャプチャして分析する必要がある。これらの通信をキャプチャして分析すると、異常を検出するために使用できるコンテキストや行動パターンが明らかになる。振る舞い検知では、通常の行動からの変化によって攻撃の存在を検出できる。
・ハニーポット：ハニーポットは振る舞い検知のツールである。このツールは、最初に、悪意のある行動の予測されるパターンに応じて攻撃者の興味を引くことにより、攻撃者を誘い込む。次に、ハニーポット内に入ったら、ネットワーク管理者は、攻撃者の行動をキャプチャして記録し、分析することができる。これにより、管理者は、より多くの情報を獲得し、より適切な防衛

を構築できる。

・シスコのサイバー脅威対策ソリューション アーキテクチャ：これは、振る舞い検知とインジケータを使用してより優れた可視性、コンテキスト、および制御を提供するセキュリティ アーキテクチャである。その目標は、攻撃が、いつ、どこで、誰によって、何に対して、どのように行われたかを知ることである。このセキュリティ アーキテクチャでは、この目標を達成するために、多数のセキュリティ テクノロジーが使用される。

4.2.4　NetFlow

Cisco NetFlow 技術は、ネットワークを通過するデータに関する情報を収集するために使用される。NetFlow 情報は、ネットワーク トラフィックの電話代請求書にたとえることができる。この情報により、ネットワーク内にどのユーザとどのデバイスが存在し、ユーザとデバイスがネットワークにいつどのようにアクセスしたかを知ることができる。

NetFlow は、振る舞い検知と分析における重要なコンポーネントである。NetFlow が組み込まれたシスコのスイッチ、ルータ、およびファイアウォールは、ネットワークに入るデータ、ネットワークから出るデータ、およびネットワークを通過するデータに関する情報をレポートできる。この情報は、NetFlow レコードを収集し、保存し、分析する NetFlow コレクタに送信される。

NetFlow は、データのネットワーク通過のさまざまな特性によって、使用方法に関する情報を収集できる。ネットワーク データ フローに関する情報を収集することにより、NetFlow は、90 以上の属性に基づいて基準行動を確立できる。

4.3 サイバーセキュリティへのシスコ・アプローチ
4.3.1 CSIRT

多くの大企業は、コンピュータ セキュリティ インシデント レポートを受け取り、確認して対応する Computer Security Incident Response Team（CSIRT）を擁している。CSIRT の最大の目的は、コンピュータ セキュリティ インシデントの包括的な調査を実施して、会社、システム、およびデータの確実な保護を支援することにある。セキュリティ インシデントを防止するために、シスコの CSIRT は、予防的脅威アセスメント、緩和プランニング、インシデント トレンド分析、およびセキュリティ アーキテクチャ レビューを提供する。

シスコの CSIRT は、Forum of Incident Response and Security Teams（FIRST）、National Safety Information Exchange（NSIE）、Defense Security Information Exchange（DSIE）、および DNS Operations Analysis and

Research Center（DNS-OARC）と連携している。

国立または公立の CSIRT 組織（カーネギーメロン大学の Software Engineering Institute の CERT Division など）も存在する。これらは、組織（および国立 CSIRT）のインシデント管理機能を開発、運用、および改善するために利用できる。

4.3.2 セキュリティ プレイブック

技術は常に変化している。これは、サイバー攻撃も進化していることを意味する。新しい脆弱性や攻撃方法が継続的に発見されている。セキュリティ違反によって発生するレピュテーションや財務面の影響のために、セキュリティは非常に重要なビジネス上の関心事項になっている。攻撃は、重要なネットワークや機密データを標的としている。組織は、セキュリティ違反に備え、それらに対処し、それらから回復するプランを持つ必要がある。

セキュリティ違反に備える最善の方法の一つは、それらを防止することである。システム、資産、データ、および機能に対するサイバーセキュリティリスクの特定、安全保護対策とスタッフのトレーニングの導入によるシステムの保護、およびできるだけ迅速なサイバーセキュリティ イベントの検出に関するガイダンスを行う必要がある。セキュリティ違反が検出されたら、適切な措置を実行して、影響と損害を最小限に抑える必要がある。対応プランには、セキュリティ違反の発生時に複数の対応オプションを提供できる柔軟性が求められる。セキュリティ違反を押さえ込み、侵害されたシステムおよびサービスを復元したら、セキュリティ対策およびプロセスを更新し、セキュリティ違反の発生によって得られた教訓を反得させる必要がある。

また、これらの情報のすべてをセキュリティ プレイブックに書き残す必要がある。セキュリティ プレイブックは、インシデント検出/対応の原因となるセキュリティ イベント データ ソースに対して再現可能なクエリ（レポート）を集めたものである。理想的には、セキュリティ プレイブックにより、次の処置を実行できる必要がある。

・マルウェアに感染したマシンを検出する。
・疑わしいネットワーク活動を検出する。
・不規則な認証の試行を検出する。
・着信トラフィックと発信トラフィックを記述および認識する。
・トレンド、統計、カウントを含むサマリ情報を提供する。
・統計およびメトリックへの有用かつ迅速なアクセスを提供する。
・すべての関連データ ソースをまたいでイベントを関連付ける。

4.3.3 インシデント予防と検出のためのツール

これらは、セキュリティ インシデントの検出と防止のために使用されるツールの一部である。

・**SIEM**：セキュリティ情報とイベント管理（SIEM）システムは、セキュリティ アラート、ログ、その他のリアル タイムのデータや履歴データをネットワーク上のセキュリティ デバイスから収集および分析するソフトウェアである。

・**DLP**：データ損失の防止（DLP）は、機密データの盗難やネットワークからの漏洩を防止するように設計されたソフトウェアまたはハードウェア システムである。DLP システムは、ファイル アクセス認証、データ交換、データ コピー、ユーザ アクティビティのモニタリングなどに焦点を合わせることができる。DLP システムは、3 つの異なる状態のデータ（使用中のデータ、移動中のデータ、および保管中のデータ）をモニタして保護することができる。「使用中のデータ」は主にクライアント上のデータを指し、「移動中のデータ」はネットワークを通過しているデータを指し、「保管中のデータ」はデータ ストレージ上のデータを指す。

・**Cisco ISE と TrustSec**：Cisco Identity Services Engine（Cisco ISE）と Cisco TrustSec は、複雑さを増大させずにネットワークへのアクセスを分割（ゲスト、モバイル ユーザ、従業員）するロールベース アクセス コントロール ポリシーを作成することにより、ネットワーク リソースへのアクセスを制御する。トラフィックの分類は、ユーザまたはデバイスの ID に基づいて行われる。

4.3.4 IDS と IPS

　侵入検知システム（IDS）は、専用ネットワーク デバイスである場合とサーバやファイアウォールに組み込まれたいくつかのツールの一つである場合がある。このシステムは、ルールまたは攻撃シグネチャのデータベースに基づいてデータをスキャンし、悪意のあるトラフィックを検出する。一致するデータが検出されると、IDS は検出をログに記録し、ネットワーク管理者向けのアラートを生成する。IDS は、一致するデータを検出しても対処しないため、攻撃の発生を防止できません。IDS の目的は、検出、記録、およびレポートのみである。

　IDS によって実行されるスキャニングにより、ネットワーク速度が低下する（遅延と呼ばれる）。ネットワーク遅延を防止のために、IDS は、一般に、通常のネットワーク トラフィックとは別にオフラインで配備される。データはスイッチによってコピーまたはミラー化され、IDS に転送されて、オフライン検出が実行される。また、ホスト コンピュータのオペレーティング システム（Linux、Windows など）上にインストールできる IDS ツールもある。

侵入防御システム（IPS）は、ポジティブ ルールまたはシグネチャ照合に基づいてトラフィックをブロックしたり拒否したりする機能を備えている。最も有名な IPS/IDS システムの一つは、Snort である。Snort の商用バージョンは、シスコの Sourcefire である。Sourcefire は、リアルタイム トラフィック/ポート分析、ログ記録、およびコンテンツ検索/照合を実行する機能を備えており、プローブ、攻撃、およびポート スキャンを検出できる。また、レポートやパフォーマンス/ログ分析のために他のサードパーティ製ツールと統合される。

4.4 まとめ：組織の保護

この章では、最初に、組織のネットワーク、設備、およびデータを保護するためにサイバーセキュリティのプロフェッショナルが使用するいくつかの技術とプロセスについて説明した。これには、ファイアウォール、セキュリティ アプライアンス、およびソフトウェアのタイプが含まれている。ボットネット、キル チェーン、振る舞い検知型のセキュリティ、および NetFlow によるネットワークのモニタリングについて説明した。

最後に、サイバーセキュリティに対するシスコのアプローチについて説明した（CSIRT チームおよびセキュリティ プレイブックを含む）。この項では、ネットワーク攻撃を検出および防止するためにサイバーセキュリティのプロフェッショナルが使用するツール（SIEM、DLP、Cisco ISE/TrustSec、IDS/IPS システムなど）について説明した。

１０．『オンライン行動のリスクを把握する』

概 要

  目的：ユーザの安全とプライバシーを侵害する可能性があるオンライン行動について説明する。

  背景/シナリオ：インターネットは危険に満ちた環境であるので、データが侵害されないように常に用心する必要がある。攻撃者は非常に巧妙に、さまざまなテクニックを使用してユーザを騙そうとする。このラボでは、リスクの高いオンライン行動を識別するのに役立つ情報と、オンラインで安全に行動するためのヒントを説明する。

パート１：サービス利用規約の確認

 次の質問に正直に答えてください。そして、各質問で獲得した点数を書き留めてください。すべての点数を加算して合計得点を算出し、オンライン行動の分析に関するパート２に進んでください。

a. どのような種類の情報をソーシャルメディアサービスで共有していますか。[　　]点
1) すべてである。友だちや家族と連絡を取り合う際は、常にソーシャルメディアを使用している。[3点]
2) 見つけたり読んでみた記事やニュース[2点]
3) 内容によって共有するかどうかと、共有する相手を選択している。[1点]
4) まったく共有していない。ソーシャルメディアを使用していない。[0点]

b. オンラインサービスで新しいアカウントを作成する際に取っている行動は次のどれであるか。[　　]点
1) パスワードを覚えやすくするために、他のサービスで使用しているパスワードを使いまわしする。[3点]
2) できるだけ覚えやすいパスワードを作成する。[3点]
3) 非常に複雑なパスワードを作成し、パスワードマネージャサービスに保管する。[1点]
4) 別のサービスで使用しているパスワードとは異なるが、類似している新しいパスワードを作成する。[1点]
5) まったく新しい強力なパスワードを作成する。[0点]

c. 他のサイトへのリンクを含む電子メールを受信した際に取っている行動は次のどれであるか。[　　]点
1) リンクをクリックしません。電子メール経由で送信されたリンクにアクセスすることはまったくありません。[0点]
2) リンクをクリックする。電子メールサーバで電子メールがスキャン済みであるからである。[3点]

10. 『オンライン行動のリスクを把握する』

3) 知人からの電子メールの場合、すべてのリンクをクリックする。[2 点]
4) マウスポインタをリンクの上に置いて接続先 URL を確認してからクリックする。[1 点]

d. Web サイトにアクセスしたらポップアップウィンドウが起動され、コンピュータがリスクにさらされており、安全にするために診断プログラムをダウンロードしてインストールする必要があるというメッセージが表示されました。この場合に取っている行動は次のどれであるか。[　　]点
1) コンピュータを安全に維持するために、メッセージをクリックし、プログラムをダウンロードしてインストールする。[3 点]
2) ポップアップウィンドウを検査し、マウスポインタをリンクの上に置いてその信頼性を確認する。[3 点]
3) メッセージを無視する。メッセージのクリックやプログラムのダウンロードは絶対に行わずに Web サイトを閉じます。[0 点]

e. 金融機関の Web サイトにログインして取引を実行する際に取っている行動は次のどれであるか。[　　]点
1) ログイン情報をすぐに入力する。[3 点]
2) URL を検証して目的の金融機関の Web サイトであることを確認してから、情報を入力する。[0 点]
3) オンラインバンキングやオンライン金融サービスは使用していない。[0 点]

f. 特定のプログラムの記事に興味を持ち、試行することを決意しました。インターネットで検索し、無名のサイトに試行版があることを見つけた際に取っている行動は次のどれであるか。[　　]点
1) すぐにプログラムをダウンロードしてインストールする。[3 点]
2) ダウンロード前に、プログラム作成者の詳細情報を検索する。[1 点]
3) プログラムをダウンロードしたり、インストールしたりしない。[0 点]

g. 出勤途中で USB ドライブを見つけました。どうするか。[　　]点
1) USB ドライブを拾い、内容を確認するため自分のコンピュータに差し込みます。[3 点]
2) USB ドライブを拾い、再利用する前に内容を完全に消去するため自分のコンピュータに差し込みます。[3 点]
3) USB ドライブを拾い、自分のファイル用に再利用する前にウイルス対策スキャンを実行するため自分のコンピュータに差し込みます。[3 点]
4) 拾いません。[0 点]

10. 『オンライン行動のリスクを把握する』

h. インターネットに接続する必要がある。そのような時に、オープン Wi-Fi ホットスポットを見つけました。あなた：[　　　]点
1) その Wi-Fi ホットスポットに接続し、インターネットを使用する。[3 点]
2) その Wi-Fi ホットスポットに接続せず、信頼できる接続が見つかるまで待ちます。[0 点]
3) その Wi-Fi ホットスポットに接続し、何らかの情報を送信する前に、信頼できるサーバとの VPN を確立する。[0 点]

パート2：オンラインでの行動に関する分析

概要

得点が高いほど、あなたのオンライン行動の安全性は低くなります。目標は、オンラインでのやり取りすべてに注意を払い、100 ％の安全性を確保することである。これは 1 つのミスだけでコンピュータやデータを危険にさらす可能性があるため非常に重要である。

パート1の点数を加算し、得点を記録してください。[　　　　　]点
0：あなたのオンラインでの行動は非常に安全である。
0〜3：あなたのオンラインでの行動はある程度安全だと言えるが、完全に安全であると言えるまで行動を変化させる必要がある。
3〜17：あなたのオンラインでの行動は危険である。セキュリティ侵害を受ける危険性が高い。
18 以上：あなたのオンラインでの行動は非常に危険である。セキュリティ侵害を受けるだろう。

以下にオンラインでの安全性に関する重要なヒントをまとめる。
a. ソーシャルメディアで共有する情報が多くなればなるほど、攻撃者に自分について多くのことを知らせることになる。より多くの知識を得ると、攻撃者はより巧妙な標的型攻撃を作り上げることができる。たとえば、あなたがカーレースに出かけたことを公開して共有すると、攻撃者はレースイベントを開催したチケット販売業者を装って、悪意のある電子メールを作成することができてしまう。あなたもイベントに参加しているため、その電子メールは信頼できるもののように思われるだろう。
b. パスワードの再利用は悪い習慣である。攻撃者の支配下にあるサービスでパスワードを再利用すると、他のサービスにもその攻撃者がなりすましてログインできてしまう恐れがある。
c. 本物に見える電子メールを簡単に偽造できる。多くの場合、偽造された電子メールには、悪意のあるサイトやマルウェアへのリンクが含まれている。原則として、電子メールを介して受け取る埋め込みリンクはクリックしてはならない。

10.『オンライン行動のリスクを把握する』

d. 特に Web ページから実行される要求していないソフトウェアは受け入れてはならない。Web ページに合法的なソフトウェアアップデートが含まれることはまずありえない。一旦ブラウザを閉じ、オペレーティングシステムツールを使用して更新プログラムについてチェックすることを強く勧める。

e. 悪意のある Web ページは、銀行や金融機関の Web サイトを簡単に装うことができる。リンクをクリックしたり、情報を入力したりする前に、URL をもう一度確認し、正しい Web ページであることを確かめなければならない。

f. プログラムの実行をコンピュータ上で許可すると、多くの権限を与えることになる。プログラムの実行を許可する前に、十分注意して選択する。プログラムを提供する企業や個人が信頼の置ける正規の作成者であることを確認するためリサーチする。また、プログラムは企業や個人のオフィシャル Web サイトからしかダウンロードしないようにする。

g. USB ドライブやサムドライブには、コンピュータがそれらのドライブとやり取りできるように小さなコントローラが含まれている。そのコントローラに感染して、悪意のあるソフトウェアをホストコンピュータにインストールするよう指示を出すことができる。マルウェアはデータ領域ではなく USB コントローラ自体にホストされるため、どんなに消去したり、ウイルス対策スキャンを実行したりしても、マルウェアは検出されない。

h. 攻撃者は、ユーザを誘い込むためにフェイクの Wi-Fi ホットスポットを展開することがよくある。攻撃者は感染したホットスポットを経由して交換されるすべての情報にアクセスできるため、そのホットスポットに接続したユーザは危険にさらされている。VPN を介してトラフィックを暗号化せずに不明な Wi-Fi ホットスポットを使用することがないようにすること。不明なネットワーク（有線または無線を問わず）を使用する間は、クレジットカード番号など機密データは決して指定しないようにする。

　反射オンラインでの行動を分析してみていかがでしたか。オンライン上で自分自身を守るため、変化を遂げる必要のある分野があったでしょうか。

課題と正解

1.3.2.3 ハットカラーの識別

課題：「ハッカーの特性」と相応するタイプに☑を入れなさい．

ハッカーの特性	ホワイトハット	グレーハット	ブラックハット
そのハッカーは，ラップトップを使用してリモートでATMマシンにハッキングした後，その脆弱性を製造業者と協力して解決した．			
私は被害者の番号入力録画を見た後，被害者の口座番号とPINを使用して，パソコンから100万円を自分の銀行口座に振り込んだ．			
私の仕事は，勤務先のコンピュータシステムの脆弱性を特定することである．			
私はマルウェアを使用していくつかの企業システムに侵入し，クレジットカード情報を盗んで，その情報を最高入札者に販売した．			
私はセキュリティエクスプロイトの調査中に，アクセスを許可されている企業ネットワークのセキュリティの英弱性を偶然発見した．			
私はテクノロジー企業と協力して，DNSの不具合を修正している．			

1.3.2.3 ハットカラーの識別[正解]

ハッカーの特性	ホワイトハット	グレーハット	ブラックハット
そのハッカーは，ラップトップを使用してリモートでATMマシンにハッキングした後，その脆弱性を製造業者と協力して解決した．		☑	
私は被害者の番号入力録画を見た後，被害者の口座番号とPINを使用して，パソコンから100万円を自分の銀行口座に振り込んだ．			☑
私の仕事は，勤務先のコンピュータシステムの脆弱性を特定することである．	☑		
私はマルウェアを使用していくつかの企業システムに侵入し，クレジットカード情報を盗んで，その情報を最高入札者に販売した．			☑
私はセキュリティエクスプロイトの調査中に，アクセスを許可されている企業ネットワークのセキュリティの英弱性を偶然発見した．	☑		
私はテクノロジー企業と協力して，DNSの不具合を修正している．	☑		

2.2.2.3 脆弱性用語の識別

課題：左側の用語と右側の説明とを線で結んで一致させなさい．

アクセス制御の問題	悪意のあるプリケーションが他のプロセスに割り当てられたメモリにアクセスする場合．
競合状態	開発者が独自のセキュリティアプリケーションを作成しようとしている場合．
セキュリティ手法の弱点	イベントの出力が順序付けられた出力または指定時刻の出力によって決まる場合．
未検証の入力	プログラムが意図しない方法で動作するように設計された，悪意のあるコンテンツろともにプログラムに侵入しくるデータ．
バッファオーバーフロー	誰が何をし，リソースを使って何ができるかを不適切に制御．

2.2.2.3 脆弱性用語の識別［正解］

正解の対応：
- アクセス制御の問題 — 誰が何をし，リソースを使って何ができるかを不適切に制御．
- 競合状態 — イベントの出力が順序付けられた出力または指定時刻の出力によって決まる場合．
- セキュリティ手法の弱点 — 開発者が独自のセキュリティアプリケーションを作成しようとしている場合．
- 未検証の入力 — プログラムが意図しない方法で動作するように設計された，悪意のあるコンテンツろともにプログラムに侵入しくるデータ．
- バッファオーバーフロー — 悪意のあるプリケーションが他のプロセスに割り当てられたメモリにアクセスする場合．

課題と正解

2.2.4.13 マルウェアタイプの識別

課題：左側の用語と右側の説明とを線で結んで一致させなさい．

用語	説明
MitMo	通常オンラインで，自動的にアクションを実行するよう設計されたマルウエア．
ウイルス	身代金支払いまでシステムやデータを管理下に置くよう設計されたマルウエア．
トロイの木馬	他の実行可能ファイル（正規プログラム）に添付された悪意の実行可能コード．
ランサムウエア	必要な操作を装って悪意のある操作を実行するマルウェア．
ルートキット	このマルウェアは他のソフトとバンドルされ，自動的に広告を配信するよう設計されている．
ボット	モバイルデバイスを制御するために使用されるマルウェア．
スケウェア	ユーザに不安を与えて特定のアクションを実行させるよう設計されたマルウェア．
アドウェア	単独でネットワークの脆弱性を悪用して自身を複製する悪意のあるコード．
ワーム	オペレーティングシステムを悪用してバックドアを作成するよう設計されたマルウェア．
スパイウェア	このマルウェア他のソフトとバンドルされ，ユーザの行動を追跡するよう設計されている．

2.2.4.13 マルウェアタイプの識別[正解]

- MitMo — モバイルデバイスを制御するために使用されるマルウェア．
- ウイルス — 他の実行可能ファイル（正規プログラム）に添付された悪意の実行可能コード．
- トロイの木馬 — 必要な操作を装って悪意のある操作を実行するマルウェア．
- ランサムウエア — 身代金支払いまでシステムやデータを管理下に置くよう設計されたマルウエア．
- ルートキット — オペレーティングシステムを悪用してバックドアを作成するよう設計されたマルウェア．
- ボット — 通常オンラインで，自動的にアクションを実行するよう設計されたマルウエア．
- スケウェア — ユーザに不安を与えて特定のアクションを実行させるよう設計されたマルウェア．
- アドウェア — このマルウェアは他のソフトとバンドルされ，自動的に広告を配信するよう設計されている．
- ワーム — 単独でネットワークの脆弱性を悪用して自身を複製する悪意のあるコード．
- スパイウェア — このマルウェア他のソフトとバンドルされ，ユーザの行動を追跡するよう設計されている．

2.2.6 WHOISツール

攻撃者はコンピュータをスキャンしてその情報を収集する.

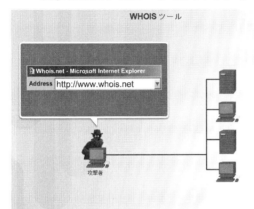

2.2.7.1 DoS攻撃

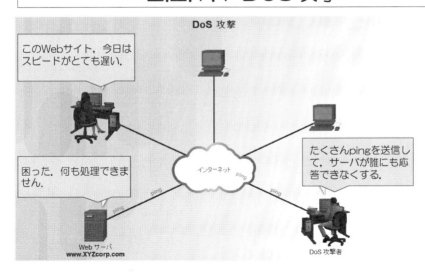

2.2.7.2 DDoS攻撃

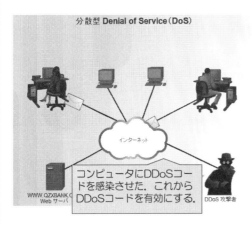
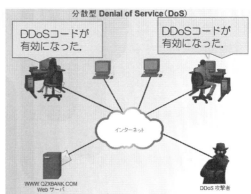

2.2.7.4 DoS攻撃タイプの識別

課題：説明に対する適切な列に☑をいれなさい．

説　明	DoS	DDoS	SEO ポイズニング
スキルの低い攻撃でも，比較的簡単に実行できる．			
組織化された複数の発信元から発信される．			
ゾンビはハンドラシステムによって制御される．			
悪意のパケットが送信されると，受信者はそれを処理できない．			
マルウエアをホストしているか，ソーシャルエンジニアリングを実行する可能性のあるサイトへのトラフィックを増加させる．			
攻撃者は，ボットネットと呼ばれる感染したホストのネットワークを構築する．			
悪意のあるWebサイトを検索結果の上位に表示する．			
ネットワーク，ホスト，アプリケーションが処理できない速度で膨大な量のデータが送信される．			

3.1.1.5 安全なパスワードとパスフレーズ

パスワードの例

どうぞ	良い	より高い品質
allwhitecat	a11whitecat	A11whi7ec@t
Fblogin	1FBLogin	1.FB.L0gin$
amazonpass	AmazonPa55	Am@z0nPa55
ilikemyschool	ILikeMySchool	!Lik3MySch00l
Hightidenow	HighTideNow	H1gh7id3Now

適切なパスフレーズの作成

どうぞ	Thisismypassphrase.
良い	Acatthatlovesdogs.
より高い品質	Acat th@tlov3sd0gs.

適切なパスワードを選択するためのヒント：
★いかなる言語でも辞書の用語や名前は使用しないでください。
★辞書の用語のよくあるつづりの間違いは使用しないでください。
★コンピュータ名やアカウント名は使用しないでください。
★可能であれば、!@＃＄％＾＆＊()のような特殊文字を使用します。
★10文字以上のパスワードを使用する。

適切なパスフレーズを選択するためのヒント：
ユーザにとって意味のある表現を選択します。
!@＃＄％＾＆＊()のような特殊文字を追加します。
長いほど優れています。
一般的な表現や有名な表現（流行歌の歌詞など）は使用しないでください。

2.2.7.4 DoS攻撃タイプの識別[正解]

説明	DoS	DDoS	SEOポイズニング
スキルの低い攻撃でも，比較的簡単に実行できる．	☑		
組織化された複数の発信元から発信される．		☑	
ゾンビはハンドラシステムによって制御される．		☑	
悪意のパケットが送信されると，受信者はそれを処理できない．	☑		
マルウエアをホストしているか，ソーシャルエンジニアリングを実行する可能性のあるサイトへのトラフィックを増加させる．			☑
攻撃者は，ボットネットと呼ばれる感染したホストのネットワークを構築する．		☑	
悪意のあるWebサイトを検索結果の上位に表示する．			☑
ネットワーク，ホスト，アプリケーションが処理できない速度で膨大な量のデータが送信される．	☑		

3.1.1.4 強力なパスワードの作成

強力なパスワードを作成するための4つの要件
1) ユーザがパスワードを簡単に覚えられる。
2) パスワードが他人によって推測されにくい。
3) プログラムによってパスワードを推測または発見するのが難しい。
4) パスワードに数字、記号、大文字と小文字の組み合わせが含まれており、複雑である。

パスワードポリシーセット
★パスワードは、8文字以上にする必要がある。
★パスワードには、大文字と小文字の両方を含める必要がある。
★パスワードには、数字を含める必要がある。
★パスワードには、英数字以外の文字を含める必要がある。

4.1.1 ファイアウォールタイプの識別

課題：左側の用語と右側の説明とを線で結んで一致させなさい．

用語	説明
Context Aware	ネットワークホストのプライベートアドレスを非表示またはマスカレード．
アプリケーション層	Webコンテンツの要求をフィルタリング．
NAT	オペレーティングシステムのポートおよびシステムのサービスコールをフィルタリング．
プロキシサーバ	ユーザ，デバイス，ロール，脅威のプロファイルに基づいたフィルタリング．
リバースプロキシの比較	送信元と宛先のデータポートおよび接続状態に基づいたフィルタリング．
ネットワーク層	Webサーバの前に配置して，Webサーバへのアクセスを保護，非表示，オフロード，分散．
ホストベース	プログラムまたはサービスに基づいたフィルタリング．
トランスポート層	送信元と宛先のIPアドレスに基づいたフィルタリング．

4.1.1 ファイアウォールタイプの識別 [正解]

- Context Aware — ユーザ，デバイス，ロール，脅威のプロファイルに基づいたフィルタリング．
- アプリケーション層 — プログラムまたはサービスに基づいたフィルタリング．
- NAT — ネットワークホストのプライベートアドレスを非表示またはマスカレード．
- プロキシサーバ — Webコンテンツの要求をフィルタリング．
- リバースプロキシの比較 — Webサーバの前に配置して，Webサーバへのアクセスを保護，非表示，オフロード，分散．
- ネットワーク層 — 送信元と宛先のIPアドレスに基づいたフィルタリング．
- ホストベース — オペレーティングシステムのポートおよびシステムのサービスコールをフィルタリング．
- トランスポート層 — 送信元と宛先のデータポートおよび接続状態に基づいたフィルタリング．

4.1.3 セキュリティアプライアンスの識別

課題：左側の用語と右側の説明とを線で結んで一致させなさい．

- VPN — 侵入制御専用である．
- IPS — 次世代デバイスとして提供されるが，ソフトウエアとしてホストコンピュータにインストールすることもできる．
- ファイアウォール — 暗号化されたセキュアなトンネルリング用に設計されている．
- AMP — トラフィックフィルタリング，暗号化，暗号化されたセキュアなトンネルリング用の機能などルーティング機能等多機能装備．
- ルータ — ISRの全機能に加えて，ネットワーク管理および分析機能を備えている．

4.1.3 セキュリティアプライアンスの識別 ［正解］

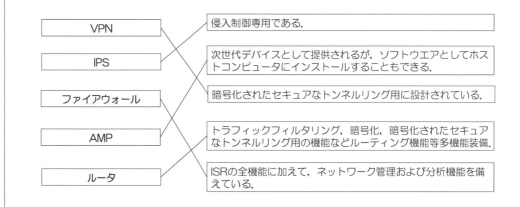

4.2.1 ASA ボットネットトラフィックフィルタ

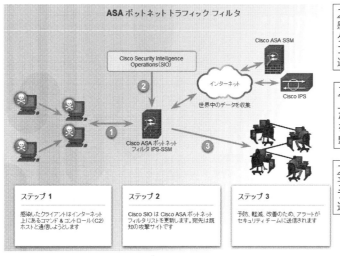

ステップ1
感染したクライアントはインターネット上にあるコマンド＆コントロール（C2）ホストと通信しようとする．

ステップ2
Cisco SIO は Cisco ASA ボットネット フィルタ リストを更新します。宛先は既知の攻撃サイトです．

ステップ3
予防、軽減、改善のため、アラートがセキュリティ チームに送信されます．

4.2.2 サイバーキルチェーン

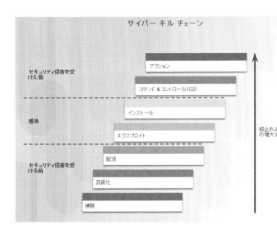

第 7 段階：実行：攻撃者が悪意のある活動（情報窃盗など）を実行したり、キル チェーンの各段階を繰り返してネットワーク内から他のデバイスに対する追加の攻撃を実行したりする。
第 6 段階：コマンド & コントロール（C2）：コマンドとコントロール チャネルまたはサーバによって、ターゲットのリモート コントロールが可能になる。
第 5 段階：インストール：マルウェアとバックドアがターゲットにインストールされる。
第 4 段階：エクスプロイト：エクスプロイトが実行される。
第 3 段階：配送：攻撃者が、電子メールなどの方法により、不正な悪意のあるペイロードをターゲットに送信する。
第 2 段階：武器化：攻撃者がターゲットに送信する不正な悪意のあるペイロードを作成する。
第 1 段階：偵察：攻撃者がターゲットに関する情報を収集する。

4.2.2 キルチェーンの各段階の説明

課題：左側の用語と右側の説明とを線で結んで一致させなさい．

段階5	配信．
段階2	アクション．
段階6	コマンド＆コントロール（C2）．
段階3	偵察
段階1	インストール
段階7	エクスプロイト．
段階4	武装化

4.2.2 キルチェーンの各段階の説明［正解］

段階5	—	配信.
段階2	—	アクション.
段階6	—	コマンド＆コントロール（C2）.
段階3	—	偵察
段階1	—	インストール
段階7	—	エクスプロイト.
段階4	—	武装化

4.3.5 サイバーセキュリティアプローチ用語の識別

課題：左側の用語と右側の説明とを線で結んで一致させなさい．

セキュリティプレイブック	ネットワークから機密データの盗難や流出を防ぐために設計されたソフトまたはハード．
SIEM	セキュリティイベントのデータソースに対する再現可能なクエリを収集したもの．
DLP	ネットワークアクセスをセグメント化するロールベースのアクセス制御ポリシーを作成することにより行うネットワークリソースへのアクセス制御．
IDS	セキュリティインシデントの包括的調査により，企業，システム，データの保護を実現．
IPS	ルールや攻撃シグネチャのデータをスキャンし，検出を記録し，管理者へのアラートを作成．
CSIRT	アラート，ログ，データをセキュリティデバイスから収集分析するソフトウェア．
ISE＆TrustSec	ルールやシグネチャの確実な一致に基づいてトラフィックをブロックまたは拒否．

4.3.5 サイバーセキュリティアプローチ用語の識別 [正解]

用語	説明
セキュリティプレイブック	セキュリティイベントのデータソースに対する再現可能なクエリを収集したもの．
SIEM	アラート，ログ，データをセキュリティデバイスから収集分析するソフトウェア．
DLP	ネットワークから機密データの盗難や流出を防ぐために設計されたソフトまたはハード．
IDS	ルールや攻撃シグネチャのデータをスキャンし，検出を記録し，管理者へのアラートを作成．
IPS	ルールやシグネチャの確実な一致に基づいてトラフィックをブロックまたは拒否．
CSIRT	セキュリティインシデントの包括的調査により，企業，システム，データの保護を実現．
ISE&TrustSec	ネットワークアクセスをセグメント化するロールベースのアクセス制御ポリシーを作成することにより行うネットワークリソースへのアクセス制御．

著者紹介

北原　宗律（きたはら　むねのり）

北海道枝幸郡枝幸町生まれ

現職
　広島修道大学名誉教授・広島修道大学非常勤講師
　大学設置・学校法人審議会適格判定Ⓓ合
担当
　「情報社会論」「情報環境論」「情報社会概論」「応用情報論」（「法情報論」）
専攻
　法情報学・データ保護法
著作
　『情報ネットワーク概論』（共著）（ムイスリ出版，1995年）
　『データ保護法の研究』（広島修道大学研究叢書98号，1997年）
　『情報社会の情報学』（西日本法規出版，1999年）
　『「情報社会」学』（ムイスリ出版，2001年）
　『法情報学』（ムイスリ出版，2004年）
　『情報社会論』（ふくろう出版，2007年）
　『情報社会論．PPT』（ムイスリ出版，2007年）
　『情報環境メディア論』（ふくろう出版，2007年）
　『情報環境メディア論．PPT』（ふくろう出版，2008年）
　『法情報論．PPT』（ふくろう出版，2008年）
　『法情報論』（ふくろう出版，2009年）
　『情報社会法』（ふくろう出版，2010年）
　『情報社会の法律』（改訂版）（創成社，2016年）

JCOPY 〈(社)出版者著作権管理機構 委託出版物〉

本書の無断複写(電子化を含む)は著作権法上での例外を除き禁じられています。本書をコピーされる場合は、そのつど事前に(社)出版者著作権管理機構(電話 03-3513-6969、FAX 03-3513-6979、e-mail: info@jcopy.or.jp)の許諾を得てください。
また本書を代行業者等の第三者に依頼してスキャンやデジタル化することは、たとえ個人や家庭内での利用であっても著作権法上認められておりません。

SHUDO 2.0

2017 年 11 月 25 日　初版発行

著　者　　北原　宗律

発　行　　ふくろう出版
〒700-0035　岡山市北区高柳西町 1-23
友野印刷ビル
TEL：086-255-2181
FAX：086-255-6324
http://www.296.jp
e-mail：info@296.jp
振替　01310-8-95147

印刷・製本　友野印刷株式会社
ISBN978-4-86186-701-9 C3004 ©Munenori Kitahara 2017

定価は表紙に表示してあります。乱丁・落丁はお取り替えいたします。